今甦る田上火山伝説

豪快無比

ダイナミックT

26年間のプロレスラー人生に
悔いなし
GHC
HEAVY WEIGHT
CHAMPION

田上明自伝

飄々と堂々と

田上明 著

竹書房

目次

はじめに　5

第一章　青春時代　9

秩父の野生児／プロレスごっこはG馬場役／野球に陸上、スポーツ万能少年／格闘技のスタートは柔道／相撲部で大活躍／1対13の大喧嘩／バイクに彼女…青春を謳歌

第二章　大相撲時代　31

角界入りは親孝行のため／新弟子時代／水商売系の人には結構モテたよ／地方巡業で食めぐり／デートがばれて〝かわいがり〟に／十両は別世界／千代の富士、高見山との思い出／廃業の際はあわや刃傷沙汰に／26歳でプータロー…さあ、どうする？

第三章　全日本プロレス入団　55

初対面で馬場さんがいきなりネックロック！／とりあえずジャパン・プロレス入り／プロレスラーの練習メニュー／正直、強いなと思った人は特にいなかった／緊張のデビュー戦と馬場さんの教え／当時、小橋のこ

とは、その辺のアンチャンだと思っていた／試合の流れや組み立てを教えてくれたカブキさん／ハンセンのラリアットよりブロディのニーのほうが嫌だった／偉ぶるところがない、いい人だった輪島さん／ブッチャー、シンには参ったよ／天龍さんは闇討ちしてやろうかって思ったね／なんだったんだ決起軍／リング外もハチャメチャだった天龍さん／パパの仕事はプロレスとゴルフ！

第四章 鶴明砲結成 93

SWS騒動／得意技の開発／超世代軍からおじさん軍団へ移籍／J鶴田との大型コンビ／デビュー3年目の自信／師匠・G馬場との初対決／若返った客層、熱気に包まれる会場／川田との抗争で成長／やりづらかった鶴田戦／田上コールが嬉しかった最強タッグ／世界タッグ戴冠／突然だった鶴明砲の終焉／秋山との新タッグでチームリーダーに

第五章 四天王時代 133

馬場さんから「川田と組め！」って／結成！ 聖鬼軍／川田との一騎打ち、小橋とのタッグ／四天王プロレスの真髄／必殺の断崖喉輪落とし／カーニバル優勝&三冠奪取…全日本の頂点へ／三沢は「上手」、川田と小橋は…／U系の選手には「この野郎！」って気持ちでやってたよ／当時、どこまでが限界なんて考えてなかった／幻に終わった北尾光司戦／G馬場の急逝、J鶴田の引退／馬場に代わってハンセンとタッグ結成／三沢が独立!?／川田にも「契約するな」って言ったよ

第六章　ノア時代　193
新たなる舞台〝プロレスリング・ノア〟／巻き返しを図って新技「俺が田上」を開発／蝶野はやりやすい相手だったよ／総合格闘技には興味が湧かなかった／小橋相手に田上火山、噴火！／ファンの後押しでGHC王座挑戦／大森、森嶋、杉浦、平柳…付け人たちの困ったエピソード／三沢との試合は下手なことはできない／最後のタイトルマッチ／言葉がでなかった三沢の事故死／やりたくなかった社長に就任したワケは…／10年ぶりのタッグ、「川田も丸くなったな」って／社内の不正をただして

第七章　プロレス引退　237
ノアから去っていく者たち／引退表明／ラストマッチ／四天王のみんな…誰も後悔してないと思うよ／厳しい状況の中で／新日本がノアを買収!?／破産手続き…責任は全て俺がとった／全財産没収…宅配便の仕分けのバイトとかしたよ／ステーキ店を開業…道具一式を送ってくれた松永光弘／あわやショック死の危機／病を克服…今は店にみんなが来てくれて嬉しいよ

エピローグ　269

はじめに

俺がプロレスを引退したのは２０１３年12月７日だから、リングを降りてから今年で10年。プロレス界そのものから身を引いて７年が経とうとしている。

プロレスに固執するつもりはまったくなくて、今は茨城県牛久で『ステーキ居酒屋　チャンプ』のオヤジだけど、ここ数年は川田利明、小橋建太とのトリオで「四天王プロレス」絡みのイベントに担ぎ出されることが多い。

亡き三沢光晴を筆頭とした「四天王プロレス」は90年代のプロレスなのに、今もプロレスファンの人たちは俺たちの話を喜んで聞きたがってくれる。

当時は不愛想で無口だった川田がやたらとお喋りで、小橋は当時とまったく変わらず真面目一本槍(笑)。まあ、俺は相槌を打つ役かな。

今では和やかに喋っている３人だけど、あの四天王プロレス時代は命懸けで、本当に命を削り合っていた。

お互いに「負けらんねぇ！」って意地を張っているうちに極限までエスカレートしていって、もうくっついていくしかなかったよ、俺は。

あいつらは飛んだり、跳ねたり……平気で人を頭から落としたりするから、俺も「畜生！」と思ってやり返すようになった。

エプロンから場外や鉄柵にあいつらを喉輪落としで叩きつけたりしたけど、それは「こいつなら大丈夫」っていう信頼感よりも、「こいつも俺にこんなことしたんだから！」っていう気持ちの方が強かったと思うよ(苦笑)。

頭で考えているっていうより、断崖式の技とかっていうのは試合中に咄嗟に出ちゃうっていうのがあったね。それだけアドレナリンが出ていた。

きっと超満員の日本武道館の大歓声が、床を「ドドドドッ！」と踏み鳴らす重低音ストンピング攻撃が、俺たちに信じられない力を与えてくれていたんだと思う。

そうやって本当に命のやりとりをした仲だからこそ、今は戦友として笑顔で会うことができるし、あの時代のせいでボロボロになった身体を労わり合えるんだろう。

プロレスファンの人たちも、そんな今の俺たちの姿を観るのが嬉しいんだろうし、それだけあの時代のプロレスは熱かったということになるのかな。

あの時代を遠い過去のものとして穏やかな日々を過ごしていたら、突然、竹書房から「田上さん、自伝を書いてみませんか?」という話をいただいた。

おいおい、ちょっと待ってくれよ。俺の自伝なんて誰が読むのだろうか? 三沢光晴みたいに強い男でもないし、小橋建太みたいに熱血でもないし、川田利明みたいにひねくれてもいねぇし(笑)。俺はただの還暦を過ぎた初老のおじさんだぜ。

とても熱いメッセージを発したり、若い人たちに教訓をたれるような人生を送ってきたわけでもないしなあ。

竹書房の編集者が言うのは「いやいや。そのままの飾らない、自然体の田上さんがいいんです」と、うまく俺のことを持ち上げる。

こんな話が舞い込んできて、改めて自分の人生を振り返ってみたら……高校の相撲部で活躍後、大相撲の世界に入って、幕内が見えている時に師匠と喧嘩して26歳でプロレスに転向して、40歳を前に全日本プロレスを辞めて、プロレスリング・ノアの旗揚げに参加。

ノアでは社長になり、経営破綻で会社が潰れて55歳で破産。そして胃がんにもなって胃を全摘出……かなり波乱に富んだ人生だぞ、これ!

そんな浮き沈みの人生は、もしかしたら人から見たら面白いのかもしれない。

もう終盤に入っているに違いない俺の人生、見詰め直すのにいい機会だと思って引き受けた次第だ。

ただ、問題なのは記憶力。正直、そんなに憶えてねぇんだよ(苦笑)。

そこは全日本プロレスに入団した時に週刊ゴングの全日本担当記者で、ずっとお付き合いのあるプロレスライターの小佐野景浩氏に時系列を補正してもらいつつ、眠っている記憶を甦らせてもらうことにした。

最初に書いておきますが、皆さんの人生にはきっと役に立ちません！　その上で田上明という男の齢62歳の人生を、ただ楽しんでいただければと思います。

でも……一体、どんな自伝になっちゃうんだろう？

２０２３年8月吉日　田上明

第一章 青春時代

高校時代に相撲部で頭角を現す（写真中央）。
写真はインターハイで個人3位になった時のもの。

秩父の野生児

1961年5月8日、俺は田上玄一、光子の長男として、埼玉県秩父市の物凄く奥の方、二瀬ダムが近い地域で生まれた……らしい。忘れちゃったよ、もう。

両親が24歳の時の子供で、病院で生まれたのではなく、家にお産婆さんに来てもらったそうだ。3600グラムだったというから、昭和30年代半ばの赤ちゃんとしては、そこそこ大きかったと思う。

田上家は体が大きい家系みたいで、8歳下の弟は生まれた時に4000グラムだったし、背も190センチ近くある。10歳下の妹も170センチはあるからね。親父は175～176センチだったけど、その年代としては大きかったほうだろう。

俺が幼い頃、父親は山師をやっていた。バクチで大儲けを狙うヤマ師ではなく、山の仕事をする山師。木を伐採して、テーブルを作ったりもしていた。ようするに木こりだな。

だから小さい頃は山奥に住んでいたんだけど、幼稚園に入る少し前に秩父の山奥から久那に出てきた。お袋の親父、つまり祖父が大工をやっていて、親父もそこで大工をやることになったんだ。だから、俺は野生児なんだよ。

第一章　青春時代

赤ちゃんの頃、父に
抱かれて記念撮影。

小学校低学年時代に
叔父のバイクに跨って。
小さい頃からバイクや
車が好きだった。

子供の頃の俺は……まあ、クソガキだった。幼稚園には行くんだけど、途中で教室を抜け出して園の外に遊びに行っちゃって、ひとりで好きなことをしてたりしてた。でも、時計もないのに給食の時間にはぴったり教室に戻っていたってお袋から聞いたことがあるから、体内時計は優れていたに違いない。

小学校の低学年の頃は、学校に行く途中でよその家の牛乳箱の牛乳を飲んでいた。昔はどこの家も牛乳を取っていて、玄関に牛乳箱があったから登校前の栄養補給(笑)。

あと、ポケットにはいつも塩を入れていた。学校の帰りにその辺の畑のキュウリやカブを取って食っちゃう。ある時、デカいカブを洗って、塩かけて食ってたら、畑の持ち主に見つかっちゃって「おめえ、なに、牛の餌、食ってんだよ!」って言われて。俺、家畜の餌、食ってたんだって。あれには参ったよ。

山の中で遊んだり、川で遊んだり。何人かでワーッて遊ぶよりも単独で遊びに行くタイプだった。いや、孤独を愛するニヒルな子供だったわけではなく、他の連中が俺についてこれねぇからっていうだけの理由。幼少の頃に山奥で駆け回っていたから、俺は自然に鍛えられちゃったんだと思う。

川を上って魚を捕り、山を登って木の実を採って食べるとか、カブトムシやミヤマクワガタを採るとか、山菜採りもやった。ただ山を登るってことはしなかった。くたびれるだけだから(笑)。だから登山には興味がなくて、山男子とか岳メンというわけではなかった。

標高が高いところだからミヤマクワガタは結構立派なのがいた。で、捕ってきたカブトムシとミヤマを戦わせたりね。俺らの子供の頃は、ミヤマなんかいくらでも捕れたけど、今は大きいのになると1万円以上で売っているらしいね、信じられないよ。

田んぼに行けばザリガニを捕っていたけど、俺が住んでいたところではアメリカザリガニは貴重だった。あとサンショウウオ、イモリもよく捕った。サンショウウオは水が綺麗なところでないといないから、いい環境で俺は育ったんだね。

小さい頃、家では山羊、鶏を飼っていたのを憶えている。もちろんペットではなく、家畜として。山羊乳を搾り、鶏には卵を産ませたり、食べたり。山羊は角が生えてて「クーッ!」なんて威嚇してくるんだよ。あれは嫌だったな。

あと親父が山で鉄砲を撃っていた名残で雑種の猟犬を飼っていた。ペットといえばペットなんだろうけど、何しろ猟犬だから気が荒くて狂暴、狂暴。人を噛んじゃうから、俺も近づかないようにしていたよ。

プロレスごっこはG馬場役

通っていた秩父市立久那小学校は、家から登って下って2キロぐらいのところにある2階建てのおんぼろ木造建築だった。秩父は坂が多く、高低差が凄くて片道小一時間はかかったから、通学でも足腰が鍛えられたかもしれない。

教室が2階にあった4年生の時、先生がいない自習時間にかくれんぼをやっていたんだけど、コロッとコケたら床が抜けて、下の教室にドーンと落ちちゃったことがあった。

下の教室では普通に授業をやっていて、おまけに一番おっかない先生のクラスだったから参っちゃったよ。半日ぐらい説教されたと思う。病院に行った記憶はないから、怪我はしなかったんだろうね。

そんなクソガキだったけど、骨折したのは一回だけしかない。石垣を上がって遊んでいたら、一番上の石垣に穴があって、そこにマムシがいやがったんだ。見たらマムシが戦闘態勢だから「ウワッ!」ってビックリして、思わず石垣の石をバコッと引き抜いちゃった。それが腕にボーンと当たって、下に落ちて……あんまり痛ぇから医者行ったらヒビが入っていた。俺が住んでいたところはマムシが多いんだよ。

だから親父はマムシ酒を作っていた。捕まえたマムシを一升瓶に入れて、焼酎に浸ける前に体内を綺麗にするために最初に水に浸けておくんだけど、それでもずっと生きていて、見ると「カーッ！」って、牙を剥くの。親父と弟が庭でマムシを焼いて醤油かけて食ってたこともあったけど、俺は遠慮したよ。俺、ヘビは大嫌いだったんだ。

クソガキの俺でも小学校の時から小遣い稼ぎのために朝の新聞配達とか、牛乳配達とかのアルバイトはやっていた。シイタケの原木出しのアルバイトもやったし、中学の冬休みにはお袋に「手伝いに行ってくれ」って言われて、知り合いの豆腐屋に何日か住み込みで行ったこともあった。豆腐屋は朝早い、水は冷たい、配達もあって、えらいところに来たなと思ったけどね。

小学生の頃のスポーツはやっぱり野球。もちろん巨人ファンだった。俺の子供の頃は王貞治派と長嶋茂雄派に分かれていて、俺は王よりは長嶋派。梶原一騎原作の漫画『巨人の星』も見ていたね。

村でチームを作ってソフトボールをやっていて、ポジションはピッチャーをやったり、外野をやったり。バッターとしては結構打っていたよ。俺と同い年で、凄く野球が上手い子がいて、その子と四番を争っていたんだけど、いつも負けていた。足の速さも、いつも争っていたんだけど、そいつのほうが俺よりちょっと速かった。

あとは相撲を取ったり、プロレスごっこをやったり。学年で一番デカかったから、プロレスごっこで「俺はジャイアント馬場だぞ！」ってやっていたような気もする。それで「アッポー！」って言ってたよ(笑)。まさか将来、馬場さんにお世話になるなんて、その時は思いもしなかったな。テレビでプロレスは……そんなに熱心には観てなかったけど、馬場さんはよく観ていたと思う。アントニオ猪木さんのほうはあんまり観てなかったかな。

俺は運動神経が良かったし、成績も悪くなかった。少なくとも馬鹿じゃなかったよ。こう見えても俺は理数系だったんだ。計算がある程度早くできるのが自慢だったけど、今は年を取って暗算ができなくなっちゃったよ(苦笑)。

野球に陸上、スポーツ万能少年

秩父市立影森中学では野球部に入部した。ポジションはピッチャーと外野だったけど、外野が多くて、ピッチャーは投げる格好だけ。球は速かったんだけど、コントロールが悪かったな。あれでコントロールがよければ、大谷翔平みたいに二刀流だったんだけどね。レギュラーになれたのは3年生になってからだけど、県大会で3位になったよ。

野球部の所属でも、陸上部の砲丸投げとか走り高跳びの大会に駆り出されることもあった。

中学生の頃は野球部で活躍（写真左）。ポジションはピッチャーと外野手。

市の小さい大会だけど、一応は賞状をもらってくるぐらいの成績は残していたよ。記録的には、砲丸は12メートル、高跳びは１６０センチぐらいだったのかな。

スポーツは何でもやった。野球、陸上だけじゃなくて、冬はスピードスケートもやっていた。秩父にはちゃんとしたアイススケート場があって、野球部員は冬になったらスケート部員にさせられるの。なぜかというと野球部の監督が元スピードスケートの国体選手で、スケート部の顧問もやっていたんだよ。スケートは野球のための足腰の鍛錬にもなった。だから俺、スケートの大会にも出場していたんだよ。

スキー？　スキーを始めたのは40代になってからだよ。でも、スケートをやってたから、エッジの切り方がわかるんで、すぐにできた。スノーボードはやったことないな。

スポーツ全般、ある程度は自信があったけど、あんまり好きじゃなかったのはテニスとか卓球。あとバレーボール、バスケットボール、サッカーもあんまりやらなかった。やっぱり俺らの時代のメジャーな球技は野球だったんだよ。

格闘技のスタートは柔道

中学時代、学校では野球をやっていたけど、夜からは柔道をやっていた。

小学生の頃から格闘技にも興味があって、強くなりてぇってずっと思っていたんだよ。プロレスは自分がやるもんじゃないって思っていたし、当時は極真空手の大山倍達の漫画『空手バカ一代』も人気があったけど、空手道場なかったから、やるチャンスがなかった。もし子供の頃に空手をやっていたら、プロレスでUWFスタイルをやっていたかもしれないぞ(笑)。

だから俺の最初の格闘技は柔道。知り合いの建具屋の親父が町道場の指導者をやっていたのがきっかけだった。小学5年生で始めたんだけど、中学になってからは、野球の部活のあとに道場に行くことになったから、くたびれた。とんだ生活だよ。

町道場だから、一般の人も来ていて、練習するのは普通のおっさんだったりする。田舎だから大体が顔見知りで「おーい、来いっ！」なんて、黒帯の強いおっさんに呼ばれると「ヤバい！」って、逃げてたよ。痛いから、いい塩梅で投げられちゃったりとか。あとは子供を教えているふりをして、とにかく逃げる(苦笑)。

中学時代でも183センチあったから、長身を生かした内股が得意だった。内股で相手の片足を跳ね上げるんだけど、その時にチンチンにバーンって入るから、俺の本当の必殺技はチンチン蹴りだな。

寝技は好きじゃなかったよ、だって疲れるから。学校だと絞めとかは禁止なんだけど、町道場は絞めがありなの。キュッって落とされたりして、「あれ？　何で、俺は家で寝てんのかな？」なんてこともあったね。

今はどうなのかわからないけど、俺の時代は中学生が取れるのは初段まで。中2の時には初段だった。階級は軽量級、重量級、無差別級ぐらいしかなかった気がする。俺は一番重い階級だったよ。町道場が出場するのは県の大会。全国でも1位になる凄い奴がいて、俺はいいところまで行っても3位だったね。

中学生ともなれば思春期。俺も男だから、初恋っていうか「あのコいいなぁ！」なんていうのはあったんじゃねぇの？　でも、もう忘れちゃったよ。

その頃の好きなアイドルはキャンディーズとかピンク・レディー、小学生の時は天地真理とか。キャンディーズはランちゃん派、ピンク・レディーはミーちゃん派だった、あとはよく『木綿のハンカチーフ』とか、太田裕美の歌なんかを聴いていた記憶がある。

中学ぐらいになると、誰もが音楽に興味を持つよね。俺もフォークギターを買ってきたんだけど、結局全然やらなかった。買ってきて、一応は挑戦してみたんだけど、やってるうちに指がおかしくなって「音楽の才能はねえな。ダメだ、こりゃ！」って。

コンプレックス？　大きいのが嫌だった。183センチもあるから、服がない。あったとしても伸び盛りだから、すぐちっちゃくなっちゃうし、そんな裕福な家でもなかったし。長男だから誰かのお古ってわけにもいかないしね。足もデカくて30センチだったけど、靴はまだあったんだよ。

相撲部で大活躍

77年4月、俺は理系の埼玉県立秩父農工高等学校に入学した。勉強は好きじゃなかったけど、小学生の時から一応、理数系だったからね。農業、工業、食品化学の学校で、俺は食品化学科に進学したんだ。

部活は野球部でもなく、陸上部でもなく、柔道部でもなく、これまでちゃんとやったことがない相撲部。

俺自身、不思議な選択をしたと思うけど、野球部はとても甲子園に行けそうもなかったし、相撲部の近藤安正監督がとにかく熱心に誘ってくれたのが大きい。監督に「全国大会でいろんなところに行けるぞ!」って口説かれたんだよ。

いろいろなところに行けるのは魅力だよね。その土地の名物を食ったり、観たことがない景色を観たりさ。その土地の方言を聞くのも面白い。

確かに相撲部でいろいろなところに連れていってもらったな。北から言えば青森、福島、長野、島根、愛媛……高知は年中行っていたし、大分にも行った。

俺は近藤安正監督が大好きだった。だから、監督自身はそんなに相撲が強かったわけではないけど、俺がプロになって十両に昇進した時の四股名が玉麒麟安正。監督の名前をもらったの。

でも、相撲を始めるにあたっては、最初はケツ出すのが嫌だったよ、恥ずかしくてさ。

練習は受け身からだった。やっぱり格闘技で大切なのは受け身だから。柔道の受け身はパーンと取るけど、相撲はコロンと身体を丸めるからちょっと違う。で、怪我をしないようになったら、摺り足とかをやる。

股割りは、最初はできなかったけど、俺は体が柔らかいほうだったから、結構大丈夫だった。ある程度やれるようになったら、胸が地面に着くようになったよ。

今はコンプライアンスがうるさいからやらないかもしれないけど、昔の相撲部屋では股割りができなかったら兄弟子に上から乗られて、強引に割られて「ギャーッ！」なんていうのがあって、新弟子には恐怖だったんだ。でも、あれはダメよ。股関節の筋が断裂しちゃうこともあるからね。

あとは四股、鉄砲が相撲の稽古の基本。鉄砲は突き押しの練習のように思っている人が多いけど、上半身と運び足のバランスを養うの。俺は突き押しができなかったから、右四つ左

高校で相撲部に入部（一番左）。部員の中でもひと際、背が高かった。

インターハイ、国体には1年生から3年生までの間、全て出場していた。

上手の四つ相撲だった。

それ以外は鍛えるところは柔道と結構一緒だし、練習も似たようなところがあるから戸惑いはなかった。まあ、練習はあんまり好きじゃなかったけどね(笑)。

でも、部員があまりいないから1年生からレギュラーだった。3年生から数えても部員が10人もいなくて、そこから大会に出るのに3人ないし、5人に絞られるんだけど、俺は1年の新人戦から出場した。県大会クラスなら必ず賞状をもらっていたよ。絶対に3位以内に入るからね。2年の大会の秋から関東では負けたことがないんだよ、俺。

1年から3年までインターハイ、国体には全部出ていて、インターハイでは2年生の時(78年)の福島の大会の個人3位が最高の成績だった。

高校相撲で一緒だった奴で、のちにプロになって強くなったのは俺より1歳下の綛田清隆。のちの栃乃和歌ね、彼は関脇までいった。あと小林秀昭……こいつも俺より1歳下なんだけど、両国の四股名で小結までいっているよ。

当時の俺は180センチ以上あったけど、体重は75~76キロだったから、合宿でちゃんこをやる時は丼飯を2~3杯食わされていた。相撲部の人間としては食が細いほうだったけど、それでも高校時代は授業中に腹が減っちゃって、人の弁当を食べちゃったりしていたよ。

人の弁当を食っていたら、お返しに俺の弁当が食われていたこともあった。さらに空にした俺の弁当箱に蛇まで入れられていた。あれはきつかった。いくらなんでも蛇まで入れることはねぇだろうって。

俺が蛇嫌いなのは小学生時代のところで書いた通りで、触れないから子分に「この蛇、取ってくれ!!」って。このイタズラをやった奴は大したもんだよ。バレたら大変なことになってたよ。俺にボッコボコにされちゃうよ。

1対13の大喧嘩

高校時代に一度だけ停学になるほどの大喧嘩をやってるんだよ。

発端は学校の廊下を歩いてたら、向こうから同学年の番長が来たんだ。その番長は繊維工業科、俺は農業科だから校舎が違うんだけど、それがわざわざ俺たちの校舎に来たわけ。「何だ、こいつ?」と思ったら、いきなり向かってきた。それで俺はそいつの頭を掴んで顔面に頭突きをカパーンとかましてやったら、歯が折れて伸びちゃったの。

それで終わりならよかったんだけど、そいつは負けたのが悔しかったのが、授業終わりに待ち伏せしていたんだよ、それも13人も子分を引き連れて(苦笑)。

俺の教室は4階建て校舎の3階の一番奥だったから逃げ場がない。「もう、やるっきゃないなあ、面倒くせぇなあ」って。そいつらが持ってきたモップとか、いろんな武器を奪い取って、逆にぶっ叩いてやったら、相手の鎖骨が折れちゃった。

1対13だから、どうやったかよく憶えてないんだけど、メチャクチャ暴れたね。自分ではそんなに気性が荒い性格ではないと思っていたけど、あの時は逃げ場ないから、やるしかなかった。「どうせボコボコにされるなら、やってやれ！」って思って。

人数は多いけど、向こうは格闘技をやってないから弱い、弱い。俺は格闘技やっていて身体もデカいし、相撲で全国クラスなんだから、レベルが違う。

結局、先生たちが駆けつけて終わったんだけど、俺は2週間の停学、相手の番長は無期停学、その取り巻きの子分たちも2週間の停学だった。

俺から喧嘩を吹っ掛けたことも一度だけあった。仲のいい同級生がワルで有名な高校の連中にカツアゲされたから、待ち伏せして、そいつらをボコボコにしたんだよ。

そうしたらその学校の番長が出てきた。それが俺たちの作戦。で、俺とその番長のタイマン……空き地での果たし合いになったんだよ。

いやいや、しぶとい奴で、やっていて嫌になった。もう殴って、倒して「この野郎、もう立ってくんな！」って言っても「俺も面子がある！」とか言って立ってくる。最後はもう疲れちゃって「引き分けにしてやるわ」って。それから仲良くなった……とまでは言わないけど、その高校の連中はウチの生徒に手を出すことはなくなったよ。何だか漫画の世界の話みたいだけど、それが当時の青春なの。

でも喧嘩はそんなにしなかったんだよ。俺も一応スポーツ選手だったんだからね。俺、普通の人よりデカいから目立ってたかもしれないけど、見た目の感じは不良じゃなかったはずだし。髪型も運動をやってたから坊主だったたし(笑)。中学の時は野球部で坊主、高校の相撲部も伝統で坊主。結局、高校2年の修学旅行まで、ずっと坊主だったんだから。

バイクに彼女…青春を謳歌

あの頃、怖いものはなかったなあ。怖いのは……お袋(笑)。もう死んじゃったから、化けて出られると怖いんで、まあ、優しいクソババアだったということにしておこう。

実際、厳しいけれども優しいお袋だったんだ。野球部に入ったら、ちゃんと新しいグラブやバットを買ってくれた。家が貧乏だからというのを理由にしないで、いろいろ買ってくれたことには感謝しているんだ。バイクだってお袋が買ってくれたしね。

ウチの高校は、90CCまでならバイクで通っていい学校だったの。ちなみに免許は何CCでも取ってよかった。だから、本当は乗っちゃいけないデカいバイクは自分で買って、乗り回していた。

改造？　金がねぇから、そんなにできなかった。その辺の高校生やチャラい暴走族と一緒で、チョロいじりぐらいだよ。

俺は暴走族じゃなかったけど、高校3年になって部活が終わると、ようやく坊主頭から解放されて、リーゼントみたいな髪型にしてバイクを乗り回していた。

「どんなことすんのかな？」って暴走族の集会を観に行ったこともあった。そうしたら、その集会に警察が来ちゃって、俺がパトカーに追われちゃって。集会を見物していただけなのに、何で俺が逃げないといけないのかっていう(苦笑)。

そうしたら暴走族の連中がパトカーに火炎瓶を投げつけて燃やそうとするんだよ。俺はもう「こわー！」って逃げた、逃げた。

暴走族でも、不良でもなかったけど、バイクが好きになったのは叔父さんの影響。叔父さんがバイク好きで、俺はちっちゃい頃からバイクに乗れてたんだ。小学校高学年からモトクロスもやっていた。

モトクロス場じゃないと乗っちゃだめなんだけど、まあ、田舎だから平気でモトクロッサーで公道を走って行っちゃっていた。当然、ナンバープレートも付いてないし、消音機も付いてないから「バアン！　バアン！　バアン！」ってうるさくて、もう大変。近所では

高校3年の時、付き合っていた彼女と愛車に乗って記念撮影。

相撲部を引退後は、髪を伸ばして青春を謳歌。写真は友達と鍋パーティーを開催した際のもの。

免許を取得して車も運転。ドライブを楽しんでいた。

「ああ、また、あの馬鹿が……」って言われていたんだろうね。

高校3年の時には車だって運転していた。校則では、車も免許は取っていいけど、乗っちゃダメなの。でも女の子を乗せてドライブしたりして。

一応、インターハイにも出場するスポーツ選手だし、誘えばそれなりに……ね。「鍋パーティーやるから来なよ！」とか言っちゃってさ。

3年生の時には1年生の彼女がいたんだぞ。えっ⁉ エッチなことなんかしないよ。硬派だから、俺。三沢光晴じゃねぇんだから(笑)。

振り返ると、何だかんだ高校卒業までは青春を謳歌していた。そこから相撲部屋という、とんでもない生活に180度変わっちゃうんだよ。

第二章 大相撲時代

1980年1月場所で初土俵を踏み、角界デビューを果たした。

角界入りは親孝行のため

俺が相撲の初土俵を踏んだのは１９８０年１月場所。高校３年の３学期、卒業前に押尾川部屋に入ったんだ。

高校では相撲部で頑張っていたけど、バイクを乗り回したり、友達と楽しい時間も過ごしていたから、本当は相撲取りになりたくなかった。１年生の時から千葉の押尾川部屋に合宿に行っていて、相撲部屋の生活を知っていたからね。

正直、俺、強かったんだよ。俺ら高校生の相手をしてくれるのは三段目あたりの力士。相撲の階級は上から幕内、十両、幕下、三段目、序二段、序ノ口の６つあって、幕内ではさらに横綱、大関、関脇、小結、前頭の５つの格付けがあるんだけど、俺は三段目の上位といい勝負。幕下相手だとちょっと分が悪くなるけど、四つになれば俺の方が強かった。

高校生の俺に負けちゃった人は「ふざけんなよ、この野郎！」って、兄弟子に竹刀でカチ食らわされてたりしてさ。

それで押尾川親方に１年生の時から「ウチに来い！」って言われていた。親方は、現役時代は大麒麟の四股名で大関になった人。天龍さんの二所ノ関部屋時代の先輩で、天龍さんも

1980年、押尾川部屋に入門。

付け人をやっていたらしい。

俺はプロになるのは嫌だから、親方がウチに来た時にはバイクで逃げていたんだから。相撲取りになってからは親方に「お前、バイクになんか乗るんじゃねぇぞ！」って釘を刺されたもんだよ。

そんなこんなで「高校を卒業する前の初場所から土俵に上がれ！」って話になって……普通、親は止めるもんだと思うけど、お袋が「ひとつでいいから親孝行してくれ。相撲取りになってくれ」って言うから、親不孝な俺としてはやるしかねぇ。お袋の涙を見たら……「やる！」って言うしかなかったよ。

お袋としては、俺に強くなってほしかったんだろうね。親父は何も言わなかったよ。夜は酒飲んで終わりっていう職人さんだからさ。で、学校もそれで構わないということで、79年の年末に千葉の押尾川部屋に入ったの。

相撲に行かなきゃ何やっていたんだろうねぇ、俺。相撲をやっていなきゃ、プロレスをやることもなかっただろうしさ。

高校の卒業式？　出てないよ。3月場所で大阪に行っていたから出られなかった。でも卒業証書はちゃんともらって、高校は卒業したよ。

1月場所で一番出世だったんだけど、大阪で左膝の内側靭帯を伸ばして、1ヵ月の病院暮らしになっちゃった。だから5月場所で前相撲をもう1回やっているんだ。俺は8年近く相撲取りをやったけど、休場したのは、この最初の大阪場所だけなんだよ。

新弟子時代

相撲部屋の暮らしは……まぁ嫌だった。最初は大部屋だから、寝る時も両隣にクソブタがいやがってさ(苦笑)。「うるせーっ!」て。ティッシュを耳に詰めないと眠れねぇんだから。大部屋には20人近くいた。関取になると個室になるんだけど、当時の押尾川部屋の関取は青葉関（青葉城＝最高位・関脇）だけだった。

新弟子の時は朝3時、4時に起こされて、一番土俵をやる。早朝から始まる稽古は下っ端から始めるんだけど、最初に稽古の土俵に上がることを一番土俵って言うんだよ。

下っ端は当然雑用も多いけど、俺は1年で三段目に上がったから、すぐに一番下っ端の仕事はやらなくてよくなって、稽古をする時間も遅くなった。三段目になると下駄から雪駄《せった》を履けるようになる。相撲社会は番付がすべてだから、わかりやすいと言えばわかりやすい。

相撲特有の制度に付け人というのがある。関取（十両以上の力士）の身の回りの世話をしながら相撲界のしきたりとか礼儀を学ぶというもので、プロレスにも取り入れられているのは、大相撲出身の力道山が日本のプロレスのシステムを作ったからだ。

廻しの着付け外し、ちゃんこの給仕に風呂なんかの身の回りの世話一切をするわけだけど、俺は下っ端の時には親方付きだった。親方には女将さんがいるから、まあ、ほとんど何もしなくてよかった。一応、スカウトで入っているから気を遣ってくれたんじゃないかな。

で、三段目になってからは青葉関の付け人になった。その当時は知らなかったけど、青葉関は天龍源一郎さんと一緒に全日本プロレスから誘われて「いや、俺はプロレスに向いてないから」って断ったらしい。

青葉関の付け人もそんなに大変ではなかった。一番下っ端で付いちゃうと洗濯係にされるけど、俺は何人も付け人がいるうちの上の方だったから、楽だったんだ。だいたい付き合いは兄弟子が行くし、下っ端は洗濯があるけど、俺は中間にいるから何もすることはなかった。青葉関に「おい、出掛けるぞ！」って言われた時に鞄持ちとして付いて行くと、タニマチから小遣いをもらえちゃうし。

青葉関は大人しい人で人柄は悪くなかったけど、小遣いのほうはカタかったね（苦笑）。でもタニマチがいたから、付いていった時は、叙々苑の焼肉とか、寿司とか、いいものが食えたよ。

まあ、そうやって1〜2年もすれば集団生活にも慣れる。慣れないと、あんなところにいたらノイローゼになっちゃうよ。信じがたい世界なんだから（苦笑）。

水商売系の人には結構モテたよ

部屋で一緒に過ごした同じ年頃の相撲取りは上に行った者が多い。同い年の益荒雄は関脇、騏乃嵐（最高位・東前頭2枚目）、佐賀昇（最高位・西前頭14枚目）も幕内に上がったし、1歳上の恵那櫻は前頭筆頭まで行った。

プロレスが好きな相撲取りも多かった。同じ部屋だと益荒雄は有名だよね。益荒雄と六本木に飲みに行った時にＵＷＦの前田日明、髙田延彦とすれ違ったんだけど「どうもー！」なんてやってるから「益荒雄、彼らと友達なの？　いい身分だなあ」って言ったら「いやあ、友達なんだよ」って言っていた。

あと同じ一門の二所ノ関部屋の大善（最高位・小結＝現・富士ヶ根親方）もプロレスが好きだった。本名が高橋徳夫だから、徳（トク）って呼んで、仲が良かったよ。後年は三沢と仲良くなって、よく飲んでいたね。

相撲時代はいろいろな付き合いがあるから人間関係も広がった。アーティスト系だったら『大阪で生まれた女』のＢＯＲＯとか『人間の証明のテーマ』のジョー山中と飲んだりして

幕下時代の一戦（1982年5月・対栃風戦）。

オフに銀座へ映画を観に
行った際のショット。

たんだから。意外だろ？

彼らと知り合いだったのが、お袋が俺の前相撲を観に来た時に知り合って、俺のファンになった女の人。えっ？　俺の彼女じゃないよ。俺より8つぐらい上だったんだから。

ウチの部屋に出入りするようになって、みんなに「カバゴン」って呼ばれていた。何でかって？　そりゃあ、カバに似てたからでしょ（笑）。

カバゴンは具志堅用高の奥さんと同級生だったから、具志堅さんの家にもよく遊びに行ったよ。俺、具志堅さんがラーメン屋を始めた時にはお祝いの花輪を出したんだから。

当時のスー女（相撲女子）にはモテたかって？　〝角界の玉三郎〟って呼ばれていたかって？　やめてくれよ（苦笑）。自分で「そうです」とは言えないでしょ？

まあ、玄人っていうか、水商売系の人には結構モテたよね。よく相撲のテレビ中継で着物を着ている女性が映るでしょ？　ああいう感じの女性にはね。

地方巡業で食めぐり

相撲時代、楽しかったのは地方巡業でいろいろな土地に行けたことだね。好きだったのは北海道と九州だ。俺はあんまり生ものが好きじゃないから、北海道だとジンギスカンとか蟹のボイルとかを食っていた。あと函館の塩ラーメンが好きだった。みんなが好きな生ウニはうめぇとは思わなかったな。

九州だったら地鶏の鍋と豚バラ。向こうの焼き鳥屋はメインが豚バラだもんね。で、ネギじゃなくてタマネギが刺してある。あれは美味かった。

あとは豚足。東京はボイルして食うけど、向こうは焼いた豚足。あれが好きだったんだ。初めて食ったのは19歳の時だよ。初めての九州場所で、俺らが屋台で飯を食っていたら、キャバレー帰りのおねえちゃんたちが入ってきて、半身の焼いた豚足を丸かじりするんだよ。それを見て「わーっ、スゲーな！」って。それで俺も食ってみたら美味くてびっくりした。でも、豚足は2つ以上食べたらダメだね。19歳だから顔が脂っぽくなっちゃって。

もちろん苦手な食い物もあった。滋賀で鮒ずしを食わされた時は参ったよ。あと三宅島に行った時に食わされた、くさや。「鼻つまんで食え！」って言われたけど、ダメだった。鮒ずしとくさやは今もダメだ。ホヤもダメだね。

克服したのは納豆だよ。子供の頃はダメだったけど、相撲部屋に入ってから食わせられて、今ではつまみでも食べるようになったよ。

デートがばれて〝かわいがり〟に

相撲をやっていたって言うと、必ず「かわいがりってやられたことはありますか？」って聞かれる。答えは……そんなの年中だったよ。「こいつ殺せ！」って言われたこともある。

あれは大阪場所の時、新幹線でおねえちゃんに会いに名古屋まで行った時のことだよ。デートした帰りに名古屋駅で親方に見つかっちゃった。それも俺はくわえ煙草で、横におねえちゃんがいるんだから、かなりヤバい状況だよ。

「何で、オヤジ（親方）が名古屋にいるんだよ⁉」って思ったけど、親方は東京から新大阪に行く途中だったんだね。運悪く、名古屋駅で見つかっちゃって、親方と同じ新幹線に名古屋から乗ることになっちゃったよ。で、新大阪に着いたら「一緒に乗れ！」ってタクシーで一緒に宿舎に帰って……。オーマイゴッド！

その時は何も言わなかったのに、稽古の時間になったら「おいっ！　門を全部閉めろ。田上……こいつを殺せー」なんて怒鳴ってさ。参ったよ、あの時は。

こういう時のかわいがりは、もう殴る蹴るがあるからね。竹刀で顔もバチバチいかれたね。1時間くらいやられたんじゃないかな。青葉関が胸出して（相撲用語でぶつかり稽古の相手をすること）、3、4人くらいにやられた。23歳の時だよ。

初めてのかわいがりは、18とか19の時かな。それはおねえちゃん関係とかではなくて、強くするほうのかわいがりだから、殴る蹴るはなかった。

かわいがりなんて、数えればいっぱいやられたよ。強くなりそうな奴はやられるからね。かわいがりをやられている奴は強くなれるというのが以前の相撲界だったんだ。

でも今は、かわいがり＝暴力というイメージがついてしまったし、「果たして、かわいがりなの？」と思うような行き過ぎた行為が事件として世間を騒がせるようになった。

相撲は格闘技、勝負なんだから厳しく鍛えることも必要。でも、それが暴力、いじめになってはいけない。今、相撲界は転換期を迎えていると俺も思う。

十両は別世界

たいていの相撲取りは「一番嬉しかったのは？」って聞かれると「十両に昇進した時です」って答える。よく、お相撲さんを「関取！」って呼ぶけど、関取は十両以上の力士のことを言うんだ。

俺が十両に昇進したのは86年5月場所。三段目まで1年、三段目も1年ちょっとの8場所

1986年5月場所で念願の十両に昇進。

で幕下に上がったけど、そこからが長くて、途中で三段目に落ちたこともあったから、結局、十両に上がるまで6年ちょっとかかった。悪い遊びでも覚えちゃったのかな(笑)。何でだろう、なかなか上がらなかったんだよ。

十両になって一番嬉しいのは給料がもらえるようになること。幕下以下は給料がなくて、2ヵ月に1回、本場所ごとに支給される場所手当しかないんだよ。それも当時、7、8万円だったと思う。まあ、部屋に住んでいれば家賃もいらないし、食費もタダだけどね。

それが十両になれば、俺の時代だと毎月50～60万円の給料が出たんだから、番付ひとつで待遇が全然違うのが相撲社会なんだ。

ただ、困ったのは次の年に税金を取られること。用意してねぇからビックリしちゃって、青葉関に借金したよ。

そして十両になったら付け人が3人ついた。付け人には身の回りの世話をしてもらう代わりに、こっちも小遣いをあげて面倒見る。兄弟子が付け人としてついたこともある。でも、やりづらいっていうのは別になかった。相撲界はそういうシステムだし、俺より年下の兄弟子だっていたわけだからね。

相撲の上下関係は、年齢ではなく、先に入ったほうが兄弟子なの。あとから入った人間の番付が上がっても、兄弟子は兄弟子。たとえば自分が幕下に上がって、兄弟子が序二段ぐら

関取になって初めての稽古。

十両昇進を祝うパーティーでスピーチ。

いだったとしても兄弟子は兄弟子。だから、自分のほうが番付が上でも「さん付け」で呼んで、敬語で話をする。

弟弟子が関取になったら、兄弟子のほうがちょっと折れる感じで、例えば俺は兄弟子の付け人に「さん付け」と敬語で喋るけど、その兄弟子も俺に敬語で喋る。

関取になっても、ちゃんこは一緒。着る物は十両になると紋付き袴を着られるし、練習のときの廻しが黒だったのが白になる。

あと大事なのは部屋が個室になることだよね。当時、個室を持っていたのは青葉関と益荒雄、騏乃嵐、恵那櫻、俺の5人だったんだけど、ウチの部屋は個室が間に合わなくて、そのあとに昇進してきた佐賀昇と相部屋になっちゃった(苦笑)。

千代の富士、高見山との思い出

86年5月場所でようやく十両に昇進したと思いきや、7月場所で幕下に陥落して、9月場所でまた十両に戻った。田上明から玉麒麟安正になって、幕下に一回落ちたら田上に戻されて、また玉麒麟になって……別に玉麒麟って付けてほしくなかったのに、俺(苦笑)。

玉麒麟という四股名の由来は、中国の小説の『水滸伝』に出てくる梁山泊の序列第2位の好漢・盧俊義の渾名《あだな》で、本当は「ぎょくきりん」と読むらしい。

親方が現役時代に大相撲中国公演に行った時に思いついて、ずっと取っておいたって言ってたかな。詳しいことは憶えてねぇけど。

親方の四股名が大麒麟だったから、自分の弟子の誰かにも「麒麟」を付けたかったんだろう。下の名前の「安正」は、高校時代の近藤安正監督が一生懸命に俺を育ててくれたから、親方が付けてくれたんだと思うよ。

相撲取りにとって最初の目標は十両……関取になることだけど、十両まで上がったら、次は当然、幕内だ。十両なんて、やっと関取衆になったっていうだけ。資格が関取衆というだけで屁のカッパだよ。やっぱり相撲は幕内に上がらなきゃダメ。で、人に覚えてもらうには幕内に上がっても三役にならなきゃダメ。

でも幕内はやっぱり十両とは違う。もう肩のさばき方も違うし、足のさばき方も違うしさ、パワーも違ってくるし、全然違うんだよ。

俺が十両になった頃の横綱は千代の富士で、一度稽古で胸出してもらったことがあるけど、組んだ瞬間にぶち投げられちゃったからね。

「こんな人に勝てるようになれるのかな？」ってマジで思った。

あと「ウワッ。この人、ツエー！」と思ったのはハワイ出身で初の外国人関取として人気があった高見山。もう、何ていうの、何をしても動かねぇもんな。

若い時に胸出してもらったけど、ホントに全然動かなかった。で、高見山関が辞める前に1回だけ当たって勝ったんだけど、向こうは力がなくなってきてる時だったから、自慢できる話ではないよ。

廃業の際はあわや刃傷沙汰に

86年9月場所から十両に定着した俺は、翌87年1月場所を西十両6枚目で迎えた。十分に幕内を狙える番付に上がってきたが、5月場所を最後に廃業した。

廃業した理由は……いろいろなことが積み重なって、まあ一言で言ってしまえば「もう相撲部屋に居たくなかった!」になってしまう。

ある場所中、負けた後に親方に竹刀で叩かれて、肘が思うように使えなくなって「何で場所中にこんなことをするのかな?」って思ったこともあった。

親方は怖い人だった。怖いし、何ていうのか……佐賀の人で、こういう表現をすると差別や偏見だと受け止められてしまうかもしれないけど、よく「佐賀もんの通ったあとはぺんぺん草も生えない」って言うように、気持ちが大きい人ではなくて、相撲界にスカウトしてくれた人だけど、何か付いていけなかった。

師匠だから、本当なら「尊敬する人は？」って、聞かれたら「大麒麟の押尾川親方です」と言いたいところだけど、俺が尊敬する人はジャイアント馬場さんだよ。

親方は、昔から身の回りの世話をしていた自分の付き人も放り出すような形で辞めさせてしまったり、そういう人間的なところで「ああ、もう付いていけねぇな」と思ったのが正直なところだ。

「辞めさせてください」って言ったら、「何をこの野郎！」って、台所から出刃包丁を持ち出してきたから「オヤジ、俺を刺すのか？」って、押し問答になって……。

辞めさせないために、出刃包丁で脅かすなんて信じられないことだよ。もう、俺は失笑するしかなかった。

女将さんが泣いて止めに入って、一応、その場は俺も「もう一回考えてみます」って言って事を収めたけど、そのまま荷物をまとめて、羽毛布団持って、かあちゃん（清美夫人）のマンションに転がり込んじゃった。５月場所が終わってすぐのことだったよ。

そう言えば、かあちゃんと付き合い始めたのは幕下の頃だから24歳ぐらいかな。きっかけは、今で言えば合コン(笑)。ちゃんと俺から口説いたんだよ。それから結婚して、かあちゃんとは、もう40年近く人生を一緒に過ごしきたのか。大したもんだ(笑)。

当時26歳になったばかりで、先のことは何も考えていなかった。「とにかく辞めたい！」の一心だった。

問題なのは相撲取りの俺のことをずっと応援してくれていたお袋。触らぬ神に祟りなしで、お袋には何も言わないで辞めちゃった。絶対に「ダメだ」ってギャーギャー言うのがわかっていたし。辞めたのを知った時は凄く泣いていたらしいから、しばらく実家にも帰らなかった。26にもなれば、それぐらいの知恵もついているよ。

お袋に電話したのは、8月に全日本プロレスに入団してから。「俺、プロレスラーになったから」って言ったら、「馬場さん、猪木さんのどっち？」なんて聞かれたりして。最後は「相撲は辞めちゃったんだし、プロレスで頑張れ」って言ってくれたのは嬉しかった。

約7年半の土俵生活だったけど、辞めると決めたら一切未練はなかった。部屋を飛び出してから琴富士、玉龍関、もちろん青葉関……いろいろな関取が引き止めに来てくれたけど、気持ちは変わらなかった。

丁髷《ちょんまげ》にも未練は全然なくて、俺はすぐにでも切りたかったんだけど、かあちゃんが「最後まで切らないほうがいい」って切らせてくれなかったんだ。

でも、相撲をやっている時にずっと応援してくれている人が福島にいて、その人が経営している旅館で俺の付け人だった奴とか、床山に来てもらって、ちゃんと断髪して、相撲人生にきっちりとけじめをつけた。

髷がなくなった時の感覚？　もう辞めると思っていたから、特に心境の変化もなかったかな。頭が軽くなったよ。シャンプーが楽でねぇ。

親方とはそれから何年かして、ＯＢ会みたいなものに呼ばれた時にたまたま会って。和解したというか……その時は大丈夫だった。

「本当なら、お前は俺の前に顔を出せない」とか言ってたけど、もう酔っぱらってて……やっぱり年老いると、人間はいくらか丸くなるのかな。

今も同期の益荒雄とは付き合いがあって、この前もメールが来たし、幕内格の偉い呼び出しの吾郎さんからもちょくちょくメールとか電話が来る。

あのまま相撲を続けていれば……幕内には上がれたと思うよ。俺より弱い奴がみんな上がっているから。佐賀昇が上がったんだからさ。佐賀昇は大阪でちゃんこ屋やってて「タマちゃん、景気悪いよ」なんて、今でも連絡がくるんだよ。

相撲時代の戦績は１９３勝１４９敗で休場したのは左膝の怪我で休んだ２場所目の７つだけ。勝ち越しで相撲人生を終えることができた。

約７年半の相撲人生で学んだことは……18から20代半ばの若い時だから、我慢することとか忍耐……だなあ、一番学んだのは。

26歳でプータロー…さあ、どうする？

26歳になったばかりで相撲を辞めてプータローになった俺は、最初は「トラックの運転手でもやろうかな」などと考えていた。今になってかあちゃんに聞いたら「熱帯魚屋さんをやる」って言っていたらしい(笑)。

多趣味な俺だけど、熱帯魚はかなり夢中になった。キラキラしたところが好きでね。最初は綺麗なテトラとかグッピーとかのちっちゃい魚を飼っていたんだけど、段々と大きな魚になってきて、最終的にはアロワナ。成長すると1メートルぐらいになるから、特注の水槽を作って、家を建てる時には水槽を置いても大丈夫なように床を1トン強化した。

餌は生きている金魚とかバッタ、コオロギ。ゴキブリなんか喜んで食うんだよ。田んぼの稲を刈ったあとにバッタがいっぱいいるから、それを獲ってきて餌にしていたけど、野生のバッタは脚が固いらしくて、脚だけ食べないで「ペッ！」って出しちゃう。

ある日、帰ってきたら高い魚が水槽から飛び出して、干乾しになっていたことがあったなあ。あれはショックだった。しばらく捨てられなくて眺めていたもんなあ(苦笑)。もう熱帯魚はやめちゃったけど、かなりお金を使ったね。

まあ、熱帯魚屋さんは多分、俺のなかの願望だったと思うんだけど、現実問題として次の職業として出てきたのがプロレスだった。

昔、親方の付け人だったということもあって、天龍さんが落語家の三遊亭円楽師匠……当時は三遊亭楽太郎師匠と部屋によく遊びに来ていたんだ。たまにプロレスラーも連れてきていた。誰だかわからないけど、熊みたいな凄くごっついガイジン選手を連れてきたこともあったんだけど、誰だかわかんねぇ。今にして思えばテリー・ゴディ？　それともスタン・ハンセン？

そんな関係で天龍さん、楽太郎師匠と顔見知りになって、喋るようにもなって。よく天龍さんには「お前、プロレスに来いよ。体付きは相撲よりプロレス向きだよ。いつでも来いよ」なんて言われていたんだよ。

それまでプロレスにはそんなに興味がなかったけど、天龍さんに「お前、プロレス向きだよ」って言われていたのがやっぱり大きかったかな。でも、いざ行ったらとんでもない話で、リングの上でボコボコいかれちゃったよ。ひでぇもんだ(苦笑)。

詳しい経緯はあんまり憶えてないんだけど、赤坂でクラブやってる人が動いてくれて天龍さん、楽太郎師匠にプロレスラーになりたいという話をしたはずだよ。

で、全日本プロレスと相撲界の関係を考えたら、天龍さんが間に入るのはまずいということとで楽太郎師匠を介して馬場さんに会うことになったんだと思う。

プロレスラーは、元々プロレスが好きだった奴が多い。食い扶持がねぇから切羽詰まってなった俺とはちょっと違うよね。俺の場合、プロレスラーは憧れとかじゃなくて職業という意識だった。

第三章
全日本プロレス入団

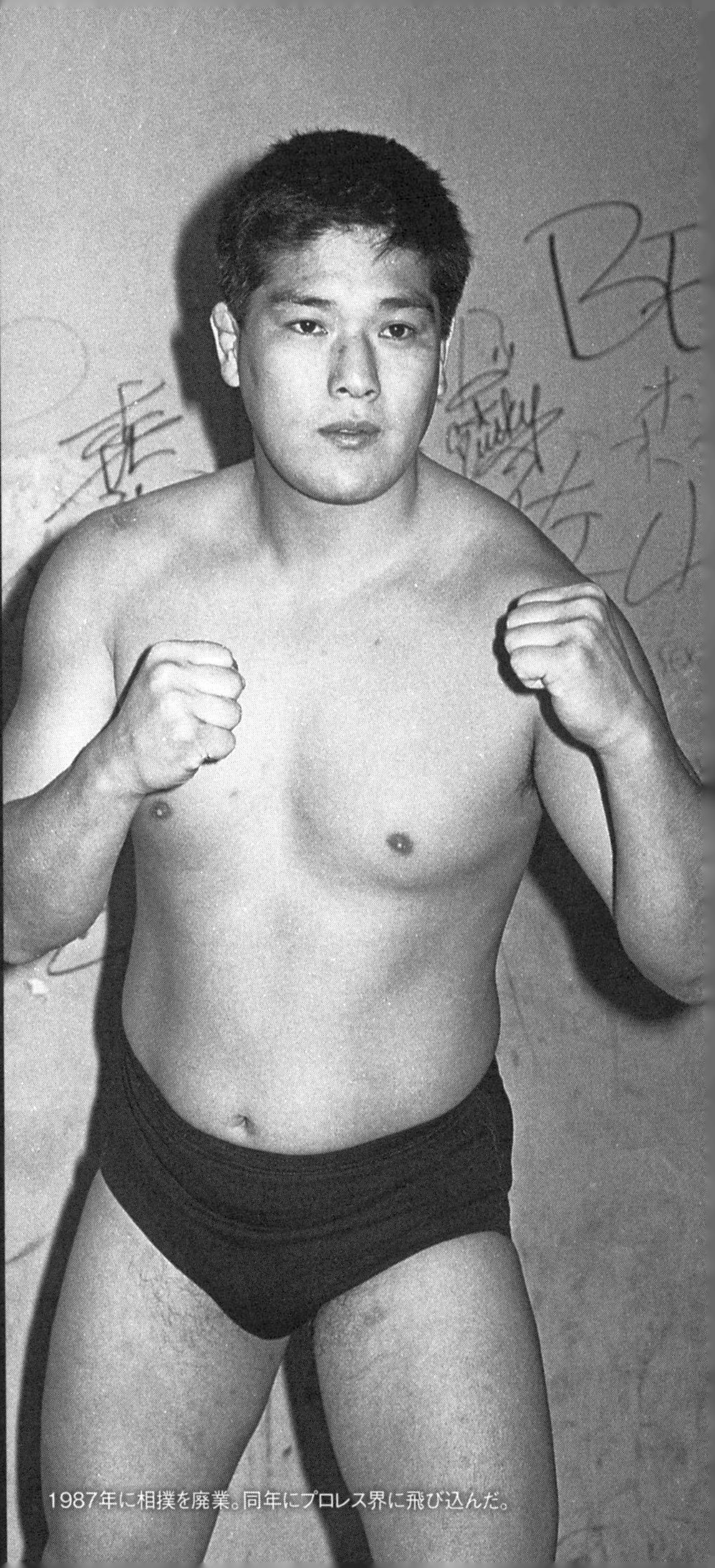

1987年に相撲を廃業。同年にプロレス界に飛び込んだ。

初対面で馬場さんがいきなりネックロック！

1987年7月の名古屋場所を前に相撲を廃業した田上明は8月14日、落語家の三遊亭楽太郎の仲介でジャイアント馬場との会談に臨み、同月17日にジャパン・プロレス入りが決定した。会見にはジャパンのリーダー、谷津嘉章も同席した。

馬場が田上を全日本プロレス所属ではなく、ジャパン所属にしたのは、前年に元横綱の輪島大士、幕下の琴天山ことジョン・テンタが全日本に入団、暮れには元十両の卓越山こと高木功（のちの嵐）が入門して相撲界との関係がデリケートなものになっていたからだ。

田上はプロレス転向にあたって「子供の頃からプロレスは好きだったもので、ジャパン・プロレス入りは自分の意思で決めました。谷津さんのプロレス・スタイルは僕の理想です。これからは本格的にレスリングの勉強をしていこうと思います。相撲で培ったものをすべて出そうと思います。テンタや高木には負けたくないですからね」と挨拶している。

8月21日に仙台のスポーツセンターで開幕した『サマー・アクション・シリーズ2』からジャパンの一員として巡業に参加。同じくジャパン所属の練習生だった北原辰巳（現・光騎）と午後4時前には会場入りして会場内をランニング、ダッシュ、さらにヒンズースクワットをこなし、その後はリングに上がって谷津、栗栖正伸と柔軟、ブリッジ、受け身などの基本メニューを消化した。

大型ルーキーとしての入団だったが、ジャパンの選手の入退場の先導、セコンド、雑用をやり、移動もジャパンのバスに乗って、全日本の選手とは別行動。

田上が北原とともに全日本の一員になったのは10月に谷津がジャパン解散を宣言、ジャパン所属選手全員が全日本入りすることになってからだ。

初めて会った馬場さんの印象は「わあ、顔デケェ！」って(笑)。すべてデカいなと思った。会ってすぐに人柄がわかるわけではないけど、威圧する感じはなくて、優しそうな気がした。もう、会う時点で話はほとんど決まっていたから「いいよ。すぐ来い！」って、即その場で言ってもらえたと思いきや、いきなりグイーッと首を掴まれてフロント・ネックロックで締め上げられたから、ビックリしちゃったよ。「どうだ、プロレスは痛いんだぞう」って言ってさ、ニヤッと笑った馬場さんの顔が忘れられない。

秋山準はプロレスに入る時に「プロレスラーはみんな仲間だから、安心して来い」とかって言われたらしいけど、俺にはそんな話は一切なくて「相撲と違って地面に手を着いても、ひっくり返っても負けじゃないんだから」ぐらいしか言われなかった。

失敗したなと思ったのは、お金の話。馬場さんに「いくら必要なんだ?」って聞かれたけど、みんながいくらもらっているかも知らないし、自分で金額を言えるわけがない。

俺は給料60万の時にプロレスに転向したんだけど、後援会とか、いろいろな手当を付けたら月に100万円以上にはなっていたんだよ。当時、住んでいたかあちゃんのマンションのローンの返済が毎月7万円だったから、それを正直に馬場さんに話したら、最初の給料は15万円だぞ! まだ26歳だったたし、俺も考えが甘かった。

「いやあシビアだな、ジャイアント馬場、ちょっとケチだな」と思ったよ(苦笑)。

デビューするまで月15万円。デビューしてから最初は1試合3万円だったと思う。それから1年ごとに上がったけど、びっくりするような上がり方ではなかった。

よく憶えていないけど、三冠王座を獲ったりした頃(96年)は、ある程度はいっぱしにもらっていたんじゃないかと思う。だから30代半ばぐらいだよ。相撲だと、その年齢は引退するような時期だから、プロレスに転向したことによって、格闘技者としての人生が延びたとは言えるけどね。

全日本では最後まで1試合いくらのギャランティ制だった。シリーズを終わるごとにもらうから、給料が出るのは年8回。プロレスリング・ノアでもそうだったんだけど、俺が社長になってからは、みんなが大変だろうから年12回の月給制にしたんだよ。

とりあえずジャパン・プロレス入り

「谷津さんのプロレス・スタイルが理想です」っていう挨拶？　忘れちゃったよ。誰が考えたんだろう？　だって俺、谷津さんのプロレスなんか知らねぇもん(笑)。

相撲時代、たまに国技館に観に行ったことはあるけど、それは国技館だと相撲取りはタダで入れるから(笑)。プロレスが凄く好きなわけでもなく、漠然と観ていただけだから、谷津さんのことはわからなかったけど、馬場さんに「相撲界といろいろあるから、とりあえずジャパン・プロレスに入れ」って言われたんだ。

だから会場に行くと、俺はジャパンの控室で、ジャパンの人たちの雑用をして、移動もジャパンのバス。もう長州力さんはいなかったけど、永源遙さん、寺さん（寺西勇）さん、栗栖正伸さん……濃ゆい人ばっかり(苦笑)。若いのは信ちゃん（仲野信市）と北原だけだったよ。当時はまだ天龍同盟のバスはなかったから、たまに天龍さん、阿修羅・原さん、サムソン冬木さん、川田（利明）が乗ってくることもあった。

デビューしてからは敵だったけど、入った当時はバスで一緒になると、よく天龍さんに捕まって、飲みに連れていかれて参ったよ。

バスを降りる時に「おい、タマ行くぞ！」って言われるのが怖くて。そういう時は「すみません、カブキさんにちょっと呼ばれてるんですけど」って言うと、カブキさんのほうが先輩だから「ああ、そうか……」って(笑)。

相撲はいろいろと束縛されるけど、プロレスは全然自由。飯にしてもサッと食ってホテルの自分の部屋に戻れるしね。せっかちなおじさんだけど、永源さんにはよく食事に連れて行ってもらった。あとカブキさん、マイティ井上さん、ラッシャー木村さんとかのおじさん連中に可愛がってもらったよ。

プロレスラーの練習メニュー

練習はジャパン所属とされていた時から世田谷区砧の全日本の道場でやっていた。俺はかあちゃんと住んでいたから合宿所には入らずに練習に通う形。もう合宿所を出ていた卓ちゃん……近所に住んでいる高木が「車がないから乗っけてってくれよ」って言うから、俺の車に乗せて、合同練習が始まる10時までに道場に行っていた。

高木は同い年だけど、中学3年で髙田川部屋に入門しているから3年先輩。でも、相撲時代にほとんど接点はなくて、プロレスに来てから喋るようになったんだ。

当時、一緒に練習やっていたのは小橋健太（現・建太）、菊地毅、それから北原。彼らは合宿所に住み込みだから、いつも道場にいた。

教えてくれたのは渕正信さんとハル薗田さん。薗田さんはその年の暮れに結婚したばかりの奥さんと南アフリカ遠征に行ったんだけど、乗った飛行機が墜落して亡くなってしまったんだよ。

練習メニューは……どうだったっけ？　忘れたなあ。とりあえず普通に基礎体力とか、砧公園のほうまで走ったり。四股を踏んで足腰は鍛えているからスクワットは大丈夫だったけど、走るのは嫌だったな。相撲は摺り足だからね。それに相撲取りはランニングをあんまりしないから。

使う筋肉はさほど変わらない。どちらも全身の筋肉を使う。でも、どちらかといったら相撲は下半身、プロレスは上半身になるのかな。相撲はそんなに首を鍛えたりしないけど、プロレスはブリッジとか、首を鍛えておかないと危ないからね。

腕っぷしは強いほうだった。四つ相撲だったから左右どっちも強かったと思う。腕相撲は結構強くて、プロレスに来てからほとんど負けなかったはずだよ。

技術としては、プロレスで最も大事なのは自分の身体を守る受け身。相撲はコロンと取る受け身だけど、プロレスは身体をフラットにして力を分散させて取るという感覚だから違いはあるんだけど、ちょっと慣れればどうってことなかった。

ただ後ろ受け身は嫌だった。相撲にはないから、ちょっと苦手だったよ。でも、渕さんや薗田さんは、いきなりバーンとやらせるっていうんじゃなくて、まず座った状態から段階を踏んで、丁寧に教えてくれたから、ちゃんと身に付いた。

一番難しいのはショルダースルーの受け身。今はできない選手も多いんだよ。空中に大きく放り投げられるショルダースルーは自分で身体をコントロールして受け身を取るタイミングが難しい。失敗してケツから落ちたりすると内臓が詰まるし、足から落ちても怪我をしてしまう。

でも、全日本プロレスはどう投げられても、どこから落とされても受け身が取れるというのが必須だから、きつかったけど、しっかり覚えた。

俺、覚えは悪くなかったと思うよ。おかげで、こんな大きな身体で四天王プロレスの中で受け身を取っていたのに、首も思ったほどイカレてないんだよ。

プロレス特有の技術としては、ロープワークが嫌だった。1、2、3、ボーンっていうリズムで走るんだけど、背中でロープに当たるのは、もし切れた場合に場外に真っ逆さまに落ちるからダメ。サイドから当たって脇でロープを挟んで、ロープを掴むんだけど、ロープの中身がワイヤーだから、脇が痛いんだよ。疲れるし、慣れるまでホント痛かった。

正直、強いなと思った人は特にいなかった

スパーリング……いわゆる関節の極めっこは大丈夫だった。関節技はある程度、柔道にもあって、町道場で中学生の時からおっさんたちにやられていたからさ。

正直、強いなと思った人は特にいないけど、ラジャ・ライオンとやらされるのは嫌だったな。あいつの体臭だけは震えた。ラジャだけじゃなくてガイジン選手は香水を付けている奴が多くて、香水と体臭が混ざると異様な匂いがするんだよ。プロレスはそういうのにも慣れなきゃいけないんだよな。

極めっこではなくて、いわゆる普通のプロレスの試合のスパーリング……模擬試合みたいなこともデビュー前にはやらされる。小橋とかの練習生同士でやった記憶があるよ。タイアップ（ロックアップ）からリストを取ったり、ヘッドロックに取ったり、そこからどう展開していくか、ボディスラムをやったら次は何……っていう流れだよね。

それまでの廻しと裸足からタイツとリングシューズに変わって……天龍さんは最初、タイツは廻しと違って締めるのが細い紐1本なのが違和感があったらしいけど、俺は廻しをそんなにギュッと締めるタイプではなかったから違和感がなかった。

ジャパンプロレス解散後、晴れて全日本プロレス入り。写真は全日の道場で皆とちゃんこ鍋を囲んだ際のもの。

リングシューズは、履くこと自体には抵抗なかったけど、マットが布で滑らないようにできているから、乾いているとシューズの底が引っ掛かるような感じがするんだよね。それがちょっとやりづらかった。でも、まあこれも慣れだよ。

そうやってプロレスに順応していったけど、あんまりプロレスの知識がなかったから最初は「えらいところに来ちゃったな。怖いところだな」って思ったよ。

冬木さんなんかモジャモジャの髪の毛でターザンみたいだったし、阿修羅・原さんの風貌だって只者じゃないよね(笑)。巡業になったらガイジンがきて、もっと凄いじゃない。タイガー・ジェット・シンだとか、アブドーラ・ザ・ブッチャーなんか、平気で客席に雪崩れ込むから「おっかねぇな！」って思ったよ。まあ、控室に戻れば普通だから「まあ、こんなものか」なんて(笑)。プロレス界は不思議な世界だなと思ったよ。

緊張のデビュー戦と馬場さんの教え

田上がデビューしたのは、入団から5ヵ月の年明け88年1月4日の東京・後楽園ホール。本名の田上明として師匠の馬場と組んでバディ・ランデル&ポール・ハリスとタッグマッチ30分1本勝負で対戦。基本技のアームドラッグ、ボディスラム、飛び技のドロップキックを繰り出し、最後は馬場の16文キックのアシストを受けて、ブロックバスターでハリスからピンフォール勝ち。6分58秒の初陣だった。

デビュー戦は、87年中の12月半ばに馬場さんに言われたんじゃなかったかな。本名でデビューしたのは……親方と喧嘩して飛び出してきたから玉麒麟は使えないよ。

デビュー戦のタイツは、赤じゃなくて黒だったんだ。別に俺は何色でも構わなくて、馬場さんからもらったのが、たまたま黒だったというだけ。1年後ぐらいに赤に変えたのは、馬場さんに「お前、赤のほうがカッコイイと思うよ。赤にしろ。ほれ！」って、赤いタイツをもらっちゃったからというだけの理由。

内心「いや、えらいことになったなあ」って思ったね。赤って馬場さんと同じじゃんって。その時に隣にいたのは誰だったかな？　小橋だったかな？　クスッと笑ってたよ。

もらっちゃったら、もう穿くしかないでしょ。でもタイツが赤で、リングシューズが黒だったら馬場さんとまったく一緒になっちゃう。そうでなくても「ジャイアント小馬場！」なんて言われていたから、リングシューズも赤にしたの。俺のかすかな抵抗だよ（笑）。

そこから色を変えなかったのは、面倒臭いから。ガイジン選手に頼んで、一度に10枚ぐらい買ってきてもらっていたから何枚も持っていたしね。テリー・ゴディ、ダニー・クロ

師匠・G馬場とのタッグでデビュー戦に臨んだ（1988年1月4日・後楽園ホール）。

ファット、ジョー・ディートンなんかが買ってきてくれたよ。

よくデビュー戦の思い出を聞かれるんだけど、何をやったかなんてまったく憶えていないな。憶えているのは緊張していたことだけ。

フィニッシュのブロックバスターは「これは効くからやってみろ」って馬場さんに教わった技。多分、俺は背が高いから、より大きく見える技を考えてくれたんだと思う。後ろに倒れることがない相撲出身の俺に、あえて後ろに倒れる技をやらせたのは、プロレスラーに生まれ変わった田上明というのを見せたかったというのもあったんじゃないかな。そこらへんは馬場さんのセンスだよね。

馬場さんには「お前は身体が大きいんだから、ガーッと大きく見えるポーズでやれ」って言われたね。デビューしてからも「手をパーッと広げろ」「チョップは大きく振れ、大きく見せろ」「技が決まったら、一回見得を切れ」「身体が大きいんだから、技も大きく使え」「お前なんか速くコチョコチョなんかできやしないんだから、モーションもなるべく大きくしろ」って、とにかく〝スケールの大きなプロレス〟を教わったよ。

ドロップキックを教わったのは、馬場さんじゃなかったと思う。道場で渕さんが教えてくれたのかな？　ドロップキックは、まず蹴ったあとにリングに落ちた時の受け身から始める。受け身が取れるようになったら踏み切り方、蹴り方を覚えて、蹴る高さを徐々に上げていくっていう練習だったと思う。きっと209センチもある馬場さんは、そうやってドロップキックを覚えたんだろうね。

馬場さんに「やって見せろ」って言われて、小橋相手にドロップキックの練習をすることはよくあった。あいつの方が受け身とか、俺より多少は上手だったからさ。

当時、小橋のことは、その辺のアンチャンだと思っていた

小橋は5歳年下だけど、俺より2ヵ月早く入門していた。あいつは一介の新弟子のとしての〝入門〟で、俺は〝入団〟だったから、俺のことをライバル視していたみたいだね。入門した時、俺に間違えられてマスコミから取材を受けて、その後、ただの新弟子だとわかったら記事にしてもらえなかったという話も聞いたことがあるから、なおさら俺を意識したのかもしれない。

でも俺は、入った頃は全然意識してなかった。その辺のアンチャンだと思っていたよ。だって俺は大相撲で十両まで行っているわけだから。十両という地位は……相撲取りが少ない今は100人いたら10人はなれると言われているけど、人数が多かった俺の時代はもっと狭き門だった。だから、やっぱり相撲をやっていたプライドはあった。

「素人と違って、格闘技で飯を食ってきたプロだよ」っていうプライドがあったね。

よく相撲からプロレスに来た人間は「相撲崩れ」って言われるけど、俺は現役バリバリの十両でプロレスに来たから「相撲上がり」だと自負していたから、「その辺のアンチャンと一緒にされたら冗談じゃねぇ」と思っていたよ。でも、小橋は努力の男だったよ。いつも道場にいたからね。

試合の流れや組み立てを教えてくれたカブキさん

デビューした頃は、馬場さんはもちろんだけど、よく教えてくれたのはカブキさん。試合の中のことはカブキさんから教わった。それも頭ごなしでなく、丁寧にね。

試合前にカブキさんがいろいろ教えてくれると、その日にタッグを組んだら教わった技を使わないわけにはいかない。カブキさんは腕の取り方でも何種類も持っているし、しっかりしてるしね。だからデビュー当時の俺は基本的な地味な技を結構やっていた。

カブキさんと組んでイギリスのピート・ロバーツと当たった時なんか、手四つからブリッジで返すなんてこともやったんだから(苦笑)。

ピート・ロバーツみたいな技巧派の選手はちゃんと攻防をさせてくれたけど、俺はあまりテクニシャンじゃねぇから、いいようにあしらわれちゃったよ。

いざプロレスラーになってみて、相撲とプロレスの違いをいろいろな面で痛感した。例えば「田上は気迫が見えない」とかってよく言われたけど、相撲は喜怒哀楽を出してはいけない。でも、プロレスは喜怒哀楽を表現しなければいけない。１８０度違うから、これには最初戸惑った。カブキさんに「痛いんだったら、痛いのを顔の表情や仕草で見せないと、お客さんに伝わらないんだよ」って、よく言われたよ。

ホントに覚えることがいっぱいあった。カブキさんには「ガッと行くところと、引くところの攻守のタイミングが悪い」とも言われたけど、ある程度、お客の反応も見てやらなきゃいけないのがプロレスの難しいところだったね。

攻めっ放しで終わっちゃうとお客が飽きるから、相手にいくらかはいいところを出させないといけないとか。その呼吸をカブキさんが組みながら教えてくれた。

対戦していて井上さん、寺西さん、鶴見五郎さん、佐藤昭雄さん……全日本の先輩は俺らの若手の技でもしっかり受けてくれた。

相撲は2分、3分もやっていたらかなりの長時間で、4分ぐらいになったら「水入り」になって中断して、改めて始めるけど、プロレスは2分、3分で終わったら怒られちゃう。

相撲は、勝ち星ひとつで番付が変わったりするわけだから勝敗がすべてだけど、プロレスは自分をアピールしなきゃいけないし、お客を沸かさなきゃいけないっていう違いは大きかったな。俺は四つ相撲上がりだから、ある程度スタミナはあるほうだと思うけど、でも長い試合は得意じゃなかったし、好きじゃなかった。

ある程度、長い試合をするためには試合の組み立てを覚えていくしかない。大技ばっかりじゃ試合をつなげないからね。まあ、俺は大技も小技もそんなになかったけどさ(苦笑)。

それでも新人時代に技のつなぎを覚えていかないと、いきなり大きい試合をさせられた時に技のつなぎが下手クソで、メインイベントなのにカックンカックンした試合をやったらおかしいからね。

俺が教わったのに比べると、最近の試合はつなぐ試合じゃないね。試合そのものが小振りになってきているし、凄い技を食らってもパッパと返して、返されたほうもパッパとやり返してさ。「痛くないんかい、お前!?」って。行間のない試合になっちゃっているよね。

俺はファンにはどう見えていたかはわからないけど、試合の流れとか組み立てをカブキさんに教わって、人の試合を観て、とにかく覚えるのに必死だったよ。

タッグマッチなんかでカブキさんにタッチをもらって、何をやっていいか困ったら、殴る蹴るになっちゃう。やっぱり、すぐパッとは的確な技は出せないよ。場数を踏まないと、技なんて出ないもんだよ。

あとは最初からメインでボコボコやられながら、覚えるしかないんだよ。ああ、俺はそっちのほうだったかな（苦笑）。

ハンセンのラリアットよりブロディのニーのほうが嫌だった

確かに田上は〝メインでボコボコやられて覚える派〟だった。

小橋と菊地がデビューした2月22日の滋賀・栗東町民体育館で谷津のパートナーになってハンセン＆ゴディと対戦。初めてハンセンのウェスタン・ラリアットの洗礼を浴びた。そして『チャンピオン・カーニバル』開幕戦の3月26日、古河市立体育館でハンセンと初の一騎打ち。わずか2分2秒でラリアットに轟沈させられている。

3日後の3・29三条市厚生福祉会館では鶴田のパートナーに抜擢されてブルーザー・ブロディ＆ビッグ・ブバと対戦してブロディのパワーボムに轟沈。その後もタッグマッチでハンセンのラリアット、ブロディのキングコング・ニードロップの餌食になった。

新人とはいえ、大相撲で鍛えた頑丈な肉体、192センチ、119キロ（当時）の恵まれた身体は即戦力。「習うより、慣れろ！」と、師匠の馬場はセミファイナル、メインイベントクラスに起用したのである。

ハンセンとの初めてのタッグマッチ？　「修行しろ」ってことだよ。一流の人とやれば勉強になるだろうから。でも、きつかった。若手だと思われているから、ゴミ屑のようにやられた。谷津さんは谷津さんで、あんな感じだから助けてくれねぇしさ（苦笑）。

そのあとの初めてのシングルは吹っ飛ばされたよ。どつかれて、最後バーンとやられて終わり。ハンセンのラリアットは鋭角に来るっていうんじゃなくて、身体ごと来て、根こそぎ持っていかれちゃう。全身にズバッと来る感じだよね。

あのラリアットは他の人のラリアットとはパワーが違うんだ。小橋のラリアットもきついけど、ハンセンは大きいから、パワーが違うんだよな。

ブロディのキングコング・ニーは凄く痛かった。あばらが折れたかと思ったよ。ハンセンのラリアットよりブロディのニーのほうが嫌だったな。

ラリアットはまだ受け身の取り方とか、ダメージを軽減する余地はあるけど、ブロディのニーはどこに降ってくるのか、完全に向こうまかせ、ブロディの気分だから恐ろしいよ。ウチらみたいなグリーンボーイ相手だと容赦ないからね。

ハンセンとやるのと、ブロディとやるのとどっちがいいって聞かれても、どっちも嫌。甲乙つけがたいよ。両方ともトップで、俺のことなんか甘く見ているから、好き勝手にやっていたもんね。あんな人たちとデビューしてすぐにやらされていたんだから、シャレにならないよ。やるんだったら、百田光雄がよかったよ(笑)。

去年、ハンセンとトークショーで会った時には、いいお爺ちゃんになっちゃってて(笑)。グリーンボーイの頃はリングの周りの雑用もやらなきゃいけないんだけど、近付きたくなかった。ブルロープで引っ叩かれちゃうから怖かったよ(苦笑)。でも、ああじゃなきゃいけないんだろうね。徹していたよね、ああいうスタイルに。

ブロディは何だか気難しそうな、神経質そうな人だったよね。もう、やられ放題だった記憶しかない。

偉ぶるところがない、いい人だった輪島さん

デビュー当時、同じ大相撲出身ということでテンタ、輪島と組むこともあった。ちなみに田上のブロディとの2回目の対戦は初対決から3日後の4月1日の富山市体育館で輪島と組んでブロディ&ブバと対戦してキングコング・ニーに敗れている。

テンタは佐渡ヶ嶽部屋で、同じ二所ノ関一門だったから、ちょこっと練習したことがある

んだ。スゲーんだよ、あいつ。廻しがバリバリって引きちぎれるんじゃないかと思うほど凄い力があった。

テンタ、それから小錦はパワーが半端じゃなかったよ。あの2人は怪物だな。小錦とも本割で当たったことはないけど、稽古はやったんだ。小錦は俺より2年以上もあとに相撲に入ってきて、1年もしないで幕下になって、ポーンと抜かれちゃって、俺がやっと十両に上がった時には関脇になっていた。

輪島さんは俺が初土俵を踏んだ80年1月場所で最後の優勝をしているんだよ。輪島さんの思い出といえば……俺は青葉関の付け人だった時代だな。

仕度部屋で関取が四股踏んだりやってる時、付け人は横に立ってタオル持ちをするんだよ。青葉関は古株だから明荷（力士の道具を入れる葛籠《つづら》）が横綱に近いところに置いてあって、そこで輪島さんに背中を向ける格好でタオル持ちをしていたら、青葉関に「横綱にケツ向けてんじゃねぇ！」って、食らわされたことがあった。

当時の俺は三段目だったから、大横綱の輪島さんは雲の上の人で、口をきいたことなんかなくて、初めて喋ったのはプロレスに来てからだよ。で、プロレスになったら、その横綱の頭をガンガン蹴飛ばしたりするんだから、嫌になっちゃうよ(苦笑)。

これは相撲時代に聞いた話なんだけど、輪島さんが引退して花籠親方だった時、弟子がスイカを食い過ぎて、お腹壊して病院に行ったんだって。それで帰ってきた時に輪島さんが「大丈夫か?」ってケツの穴を見たら、そいつがブッと屁をこいて、スイカの種が輪島さんの目を直撃しちゃって、次の日、輪島さんは眼帯していたらしいよ。弟子の体調を心配してケツの穴を見るぐらい、輪島さんはいい人なの(笑)。

実際、プロレスに来て初めて喋った輪島さんは全然偉ぶるところがない、いい人だった。食事に連れて行ってもらったこともあった。「おう玉麒麟、食え、食え!」って言われたから、ガンガン食っていたら「お前、食うの早いなあ」なんて言っちゃって。食えっちゅうから食ったのに(笑)。

プロレスに来てからの輪島さんの思い出は、88年8月の七尾の和倉温泉での合宿。暑い倉庫の中で馬場さんの奥さんの元子さんがバケツをゴング代わりにしてカーンって鳴らして、時間を計ってスパーリングとかをやるんだけど、途中の休憩時間に輪島さんはどっかに隠れちゃうんだよ。そうすると、馬場さんが「おい、タマ、見つけてこい!」って。

だいたいは風の通りがいい裏のほうの、日陰の軒先にいるから「横綱〜、社長がもう練習始めるから来いって言ってますよ〜!」って呼びに行くんだけど「タマ、来るんじゃねー!向こう行け!」って(笑)。

宿泊先は輪島さんのスポンサーでもある名旅館の『加賀屋』。だから食い物はよかったけど、泊まるのはみんなで大部屋だった。疲労困憊の輪島さんは布団を積み上げて爆睡していたから「大丈夫かな……」って、ちょっと心配したよ。

ブッチャー、シンには参ったよ

当時の全日本の常連のトップ外国人選手といえば、ハンセン、ブロディ、そしてブッチャーとシンだ。シンとはデビュー間もない88年3・30上越リージョンプラザで初一騎打ちが組まれて、わずか2分25秒でコブラクローの餌食に。

ブッチャーとの初一騎打ちは意外に遅く、89年9・4水沢市民体育文化会館だったが、4分37秒でエルボードロップに敗れている。

シンはわけわかんない。試合にならないよ。俺のことをグリーンボーイだと思っているから、好き放題やったんじゃない？　メチャクチャやられた記憶しかない。シンは基本的に相手の技を受けつけないし、受け身もしょっぱいんだよ。

でも俺はブッチャーのほうが嫌だった。血を出すからさ。俺が流血させられたこともあったかな？　忘れちゃったな。あのファイト・スタイルだし、あの体型だから、やれることが限られちゃう。ブレーンバスターもボディスラムもできないし、試合をやるっていっても殴る、蹴るしかできない。あのおっさんたちは年代も違うし、試合は好き勝手なことばっかりやっていたから、どうにもならなかった。

でも、まだグリーンボーイの時にふたりに飯を奢ってもらったことがある。

飯を食いに行ったら、こっちにブッチャー、あっちにシンがいて「あやや……」と思って、そそくさと飯を食って帰ろうと思ったら、ブッチャーが恰好つけて「いいよ、俺が払っておくから」って、声を掛けてきて。そうしたら今度は向こうからシンが「いや、俺が払う」って言ってきて、どっちが払うかで揉めちゃったんだよ。

俺は面倒臭いから店の人に「どっちかが払いますから」って言って帰っちゃった。そのあと、どうなったかは知らないけどね(笑)。

そうだ、ブッチャーなんか、朝からステーキを食ってたもんなあ。ビックリしちゃうよ。

天龍さんは闇討ちしてやろうかって思ったね

新人時代の田上にとって、最も恐ろしい相手は天龍だった。当時の天龍は原、冬木、川田と天龍同盟を結成して飛ぶ鳥を落とす勢いで、鶴田、輪島相手に全身全霊の妥協なきファイトを仕掛けて全日本マットを活性化させていた。

田上がリング上で天龍と初遭遇したのはデビュー2ヵ月後の88年3月3日、南足柄市総合体育館。石川敬士、カブキと組んで天龍&原&冬木に挑み、逆水平チョップ、ラリアット、延髄斬り、ダイビング・エルボーの洗礼を浴び、最後は23分5秒、パワーボムで叩きつけられて大の字に。

相撲の後輩ということもあってか、その後も対戦するたびに袋叩きにされ、顔面蹴りやイスを食らわされて流血することなど日常茶飯事。だが、それに必死に立ち向かうことで、田上の気迫が引き出されていった。

初めての対戦はハッキリと憶えている。試合前、控室の壁に貼ってある取り組み表を見たカブキさんが「タマ、遂に源ちゃんと当たるのか……源ちゃんは厳しいぞ！」なんてニヤッと笑いながら言って、プレッシャーをかけてきたから参った、参った。

天龍さんにやられる時、大袈裟ではなく「この人、俺を殺すんじゃないか？」って、異様な感じがしたね。天龍さんとやるのは本当に嫌だった。ハンセン、ブロディと違った〝嫌〟だね。あの頃は若いし、勝てねぇのがわかっているし、日本人同士だし、同じ相撲取り上がりだから、嫌なことしてくるのがわかっているからさ。

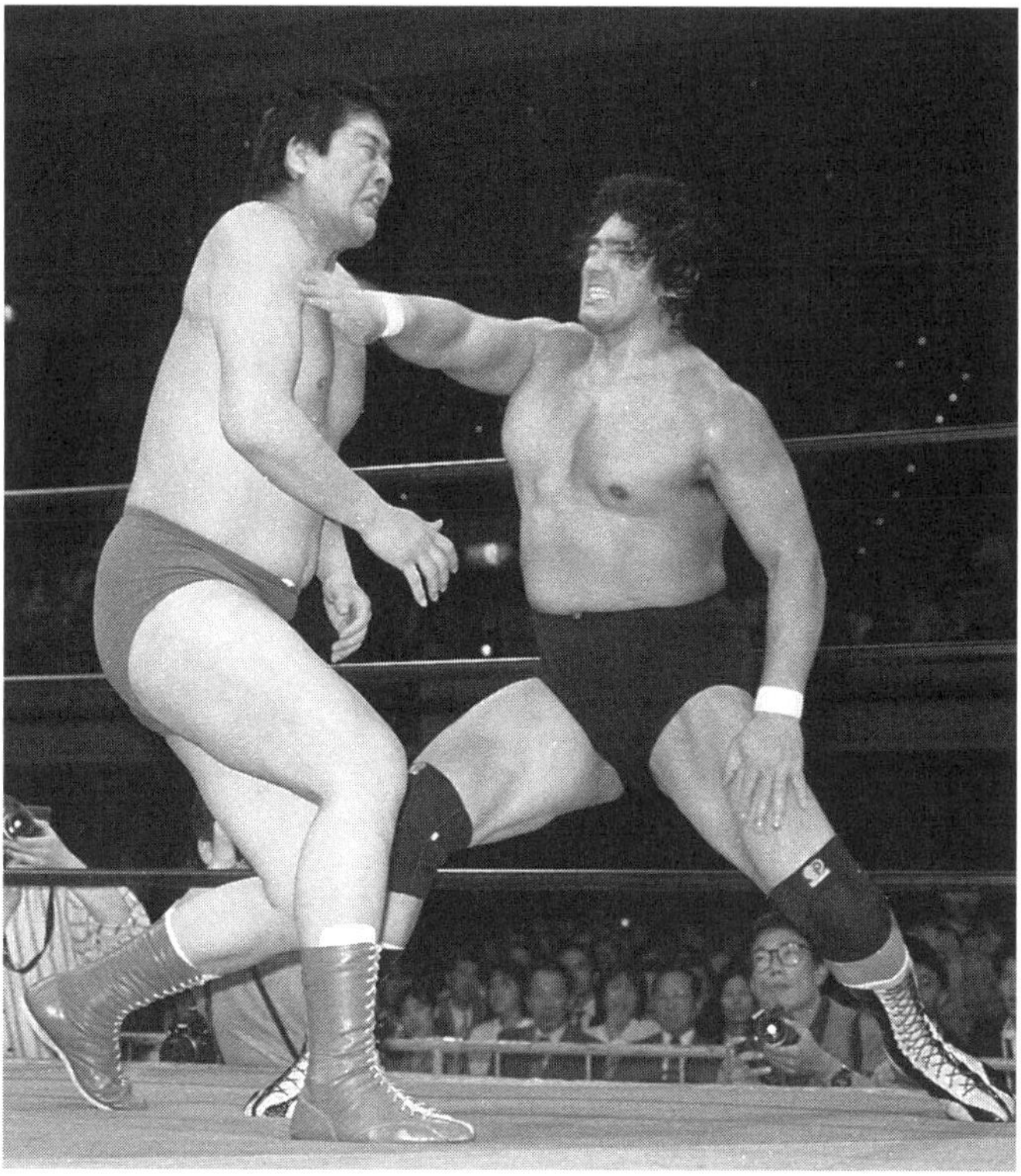

若手時代、天龍との対戦では常に激しい攻撃にさらされた。

一番嫌だったのがチョップ。「ピッチャン！　ピッチャン！」って痛いの。小橋と一緒だよ。懸命に音を出そうと「ピッチャン！　ピッチャン！」（苦笑）。音が出ればいいってもんじゃねぇんだよ……って、これを天龍さんに読まれたら、怒られちゃうか。でも、今は俺のほうが強ぇぞ（笑）。

あとはイスでも思い切り叩かれたしね。「相撲取りは頑丈でいいや」なんて言ってるから「ふざけんな」って思っていたよ。

試合を通してのアドバイス？　そんないいことをしてくれる人だと思う？　そんないい兄弟子だと思う？　ガッチガチにやられていただけだよ（苦笑）。

顔面を蹴られて、おでこにシューズの紐の痕が付いちゃってさ。とんでもないよ。格好悪いよ、飲みに行くのに。

相撲取りの後輩だから「負けたらいかん！」と思うんだろうけど、やられるほうも「この野郎！」ってなるよ。それこそ「闇討ちしてやろうか」って思ったこともある（苦笑）。闇討ちじゃないけど、最後っ屁をかましたことはあった。パワーボムでバーンとキャンバスに叩きつけられた時に、あまりの衝撃でブリッて屁が出ちゃったんだ。

押さえ込んだ天龍さんが「あっ、こいつ屁かましやがって！」って、ワンツースリーのあとにすぐに飛びのいて。そのあと「ふざけんな、この野郎！」って頭を踏んづけられたけど俺は心の中で「ざまあみろ！」って(笑)。

もちろん、わざとやったんじゃなくて偶然。あれを意図的にできたら神業だぞ。それができたらパワーボム返しの必殺技にしていたよ(笑)。

なんだったんだ決起軍

あの頃は俺だけじゃなくて、高木もガチガチにやられていた。天龍さんにしてみれば、あいつも食らわせやすかったんじゃないかな、顔がデカいから(笑)。

で、あまりにも天龍さんの若い奴らに対する攻撃がひどすぎるってことで88年の6月にタイガーマスク（三沢光晴）、高野俊二（現・拳磁）、仲野信市、高木と俺の若い世代が〝打倒！天龍同盟〟を掲げて決起軍っていうのが生まれたけど、実際にはみんなバラバラでまとまる意思なんかなかったと思うよ。

リーダーとされた三沢は、のちに全日本でもノアでも素晴らしいリーダーシップを発揮したけど、当時は口数も少なくておとなしかった。だいたいが「俺が、俺が」っていうタイプではないしね。

当時、三沢と一緒だったのはリングの中だけで、飯を食いに行くこともなくて、試合が終

タイガーマスクらと決起軍を結成。しかし、僅か1年で解散することに。

わったら全然接点がなかったけど、後年になって飲みに行ったら、はっちゃけてて長い(笑)。絶対2軒は行くから、朝まで付き合わされた。

当時は、あのメンバーの中で比較的近い存在だったのは高木、あとは信ちゃん（仲野）ともまあまあ喋っていたけど、一緒に飲みに行くっていうのはなかった。

高木、信ちゃん、俊二の3馬鹿が仲良かったよ。あいつら馬鹿過ぎて、恐ろしいから加わらなかった(苦笑)。俺はカブキさんとかのおじさん連中と飯を食っていたから。

ぶっちゃけ、決起軍は「お前ら決起軍だ！」って勝手にやらされて「お前ら決起しないから」って、1年で勝手にやめさせられて……何だったんだろうと。

リング外もハチャメチャだった天龍さん

天龍さんにはリングの中だけじゃなくて、外でもひどい目に遭っている。あれは山形の鶴岡温泉での宴会（88年6月7日）だよ。リングでは敵対関係なのに、俺も「天龍同盟1周年、バンザーイ」なんてやらされて、それで野球でロッテが勝ったとか言ってトイレまで追いかけて来て「勝利のビールかけだ！」なんて頭の上からビールをかけられちゃった。

最後は鼻をつままれて、すんごく濃い酒を飲まされて……。危ねぇぜ、記憶が素っ飛んじまうよ。そんなこと平気でやるんだもん。そのうちにわけわかんなくなっちゃって、気がついたら旅館の廊下に仰向けて寝ていて、口からアロエが出てきた。

廊下にアロエの鉢とかがあったから、それをちぎって口の中に入れたんだよ、きっと(笑)。俺は生け花じゃねぇっていうの(苦笑)。

あと、俺は一緒に行かなかったけど、高木とか信ちゃんを連れて飲みに行ってて、ホテルに戻ってきたら「おい、タマの部屋に行くぞ!」って、わざわざフロントで合鍵をもらってバーンと部屋のドアを開けてさ。俺は寝ていたんだけど、いきなりベッドをバーンとひっくり返されて、何事かと思ったよ。

それでエロビデオのボタン全部押して「じゃあな!」って自分の部屋に帰っていっちゃった。寝ていて、いきなりベッドがひっくり返ったら、ビックリするぞ。高木が直していってくれたけどね。あの時、確か川田もいたと思うよ。

当時、天龍さんも30代だったからハチャメチャだった。でも飲み食いは全部面倒見てくれたよ。そこが相撲取りなんだよな。

あのグリーンボーイの時代は、シリーズの対戦カードが決まると天龍さん、ハンセン、ブロディと何回当たるのか数えて、溜息をついていた(苦笑)。勝てねぇのにライオンに羊が向かっていくようなもんだから。

ハンセン、ブロディ、天龍さんで一番嫌だったのが天龍さん。次はスタンだな。ブロディは一応、人間であるような気がした。スタンとの試合はガチャガチャだし、天龍さんとの試合は長いし、痛いし。どっかしら傷ができるからね。

天龍同盟では冬木さんは試合運びとか、相手のいいところも出させる、押したり引いたりが巧い人だった。冬木さんが相手だったから、この俺がデビュー1年半ぐらいで30分時間切れをやれたんだから（89年7月19日、和歌山・健康ランド湯とぴあ駐車場特設リング）。

天龍さんにしても徐々に試合の中でいくらかチャンスをくれるようになったよ。そこを見極めないと、一方的にやられちゃうし、そこでどれだけ行けるかが勝負だったね。俺も結構ガンガン行ったはずだよ。でも、ガンガン行くと、そのあとに倍返しが来るから、それを覚悟した上でのガンガンだったな。

パパの仕事はプロレスとゴルフ！

相撲出身の大型ルーキーとしてデビューした田上だが、2年目の89年あたりから足踏み状態となった。ランク的には俊二、仲野、高木の下で小橋より上。ただし、小橋は勝ち星に恵まれなくても一生懸命なファイトがファンの心を掴み、師匠・馬場との親子タッグでも注目を浴びた。それに対して田上には「やる気が見えない」「練習嫌い」「なまくら」のイメージが定着してしまった――。

何だろうな、中弛みっていうか、低迷期だったよね。お客に「ブーッ！」なんて言われちゃって。「練習しねぇ」なんて批判されたり。「練習しねぇ」って言われることは……そんなにしてねぇんだから、仕方ねぇなって(苦笑)。

ただ、よく川田とか和田京平さんが「馬場さんが田上にあげたベンチプレスのセットが家の倉庫に放り込まれていて、馬場さんが見に行ったら錆びていた」とか、「俺の息子が馬場さんに〝お父さん、これ1回も使ったことないよ〟ってばらしちゃった」とかって面白おかしく言っているけど、それは盛っているからね(苦笑)。

確かに馬場さんにベンチのセットをもらったけど、馬場さんも邪魔だったんじゃない？京平ちゃんが運んできてくれたから、それを家の裏のガレージに置いて練習場にしたんだよ。でも息子に練習見せたことはねぇし。

練習は……何回かはしたよね、ちょこっとバーベルが汚れるぐらい。俺はボディビルダーじゃないと思っているから、器具を使った練習はあんまりやらないの(笑)。

でも馬場さんは俺を可愛がってくれたよ。「お前はなまくらなんや！」って、しょっちゅ

1989年5月8日、清美夫人と結婚式を挙げた。

仲人は馬場夫妻。

五輪コンビのJ鶴田&谷津嘉章も列席。

小橋健太（現・建太）から祝杯をうける。

うどやしつけられたけど、よくゴルフにも連れて行ってくれて。1週間に3日ぐらい行っていた時もあった。息子が「パパの仕事はプロレスとゴルフ！」って言ってたぐらいだから。全日本でゴルフがちゃんとできるのは俺と永源さんぐらいしかいなかったんだよ。ハワイで初めて馬場さんとラウンド行った時、俺のほうが上手だったからね。

三沢と川田のゴルフは凄いぞ。三沢が打ったボールが真横にいた川田のケツに当たっちゃうんだから恐ろしいよ(笑)。

俺がゴルフを始めたのは相撲を辞める前ぐらい。付き合っていたかあちゃんに「これからはゴルフもやっていおいたほうがいいよ」って言われて、一緒に練習場に行ったんだ。いくらか球が飛ぶようになったからラウンドに行って、夕飯を賭けたら俺のほうが上手くて、かあちゃんにステーキを奢ってもらったよ。

かあちゃんと結婚式を挙げたのは、俺の28歳の誕生日の89年5月8日のキャピトル東急ホテル。新聞には「巡業中に熱帯魚に餌をあげておいてくれとプロポーズした」なんて書かれていたな。本当はその前から、ずっと一緒に住んでいたんだけどね(笑)。

馬場さん、元子さん夫妻に仲人やってもらったんだけど、その時、かあちゃんのお腹には新しい命がやどっていて、馬場さんが名付け親にもなってくれた。

女の子だとばっかり思っていたから、馬場さんが付けてくれたのは、美しい稲穂の穂で

「美穂」。ところが男の子だとわかって、慌てて付けてくれたのが「豊（ゆたか）」。馬場さんは「田上だから田植えにちなんだ名前がいいだろう」って、こだわっていて、豊作の豊で「豊」と付けてくれたんだ。馬場さんには本当によくしてもらったと、今も感謝している。

俺の尊敬する師匠だよ。

第四章
鶴明砲結成

鶴田との大型コンビを結成。三沢らと激闘を繰り広げ、
存在感を発揮していく。

SWS騒動

プロレス転向から3年目に突入した1990年春、全日本プロレスは大激震に見舞われた。鶴田との鶴龍対決で全日本を牽引していた天龍が4月26日に電撃退団。メガネスーパーを母体とした新団体SWSの設立に参加したのだ。

87年6月から全日本マットは正規軍vs天龍同盟を軸に展開されていただけに、戦いの構図が崩れ、ゼロからの建て直しを余儀なくされた。

天龍不在の初興行となった5月14日の東京体育館における『スーパー・パワー・シリーズ』開幕戦で三沢が試合中にタイガーマスクを脱ぎ捨てて素顔になり〝打倒！鶴田〟を表明。三沢、川田、田上、小橋、菊地の若い力が鶴田、カブキ、渕らのベテランに挑んでいくという新しい流れが生まれた。

天龍さんが辞めるのは全然知らなかった。新聞を見て、初めて知ったんじゃないかな。だから「えっ⁉」だったよ。もちろん、誘われてもいないしね。

天龍さんは、天龍さんの考えがあって辞めたんだろうけど「プロレスに来いよ」って言っ

天龍離脱後は、三沢、川田、小橋、菊池と組んで鶴田たちベテラン軍に挑んでいった
（写真は1990年8月に千葉・上総一ノ宮海岸で行われた強化合宿のもの）。

てくれた人だから……何でパッと、ああいう辞め方をしちゃうのかなっていうのもあったし、何か寂しかったよ。

でも、若いモンばっかりでやるようになったからやりやすかった。上の人と組むとやっぱり気を遣うから。上の人とは戦ったほうがよかったよ。リングに上がったら横っ面を張ろうが、何しようが関係ないからね。それは相撲時代と同じ。気に食わない兄弟子は土俵の中でぶっ飛ばせばよかったからさ(笑)。

得意技の開発

三沢が素顔になってから3日後の5月17日の広島県立体育館で川田とタッグを組んで鶴田&カブキと対戦した田上は、鶴田のバックドロップに敗れたものの、カブキに輪島の元祖ゴールデン・アームボンバー、相撲ラリアットを爆発させ、鶴田には掟破りのバックドロップを見舞ってみせた。

続く19日の中村スポーツセンターでは三沢&川田とトリオを結成してカブキ&冬木&渕と対戦し、渕をアトミックドロップからそのままバックドロップで後方に叩きつける新殺法で勝利。89年は低迷していた田上が、いよいよ覚醒し始めたのである。

ちなみに当時の田上が使っていたゴールデン・アームボンバーは、輪島が「相撲のイメージを残したオリジナル技を」と、相撲の喉輪とプロレスのラリアットをミックスさせたオリジナル技。相手をロープに飛ばして喉輪でキャッチ、そのまま突き倒すという単純な技だ。

輪島がこれを使ったのはデビュー当初だけで、3戦目からは相手の首を左腕のラリアットの要領でホールドして揺さぶりをかけ、そこから全体重を浴びせかけるように叩きつけるワジマ・スペシャル（日本名は2段式首折り）をフィニッシュにするようになった。

田上は91年から元祖ゴールデン・アームボンバーではなくワジマ・スペシャルをアレンジして相手の首をホールドしてそのまま叩きつける技を頻繁に使うようになり、これがスポーツ紙、プロレス専門誌、テレビ中継でゴールデン・アームボンバーとして定着したため、元祖の技は歴史の中に埋もれてしまったのだ。

そこで2つの技を区別するため、喉輪からのラリアットを元祖アームボンバー、田上が91年から使い始めた技をアームボンバーと記すことにしよう。

元祖アームボンバーと相撲ラリアットを使うようになったのは、渕さんに「相撲上がりなんだから使ったらいいんじゃないか？　ゴールデン・アームボンバーだって、輪島さんがいなくなって使えるんだから、やれよ」って言われて、やらされているような感もあったよ。

元祖アームボンバーをやっていたのは1年ぐらいかな。

ラリアットは左右の両腕でやれた。日本人選手は長州さん、鶴田さんとかほとんどの人が右腕でやるけど、俺は基本的には左。プロレスのタックルはセオリーとして左肩で当たるから、ラリアットもタックルの要領で左の方がやりやすい。本家のハンセンだって左だし、天龍さんも左だったはずだよ。元祖アームボンバーも左右の両手でいけるけど、こっちは利き手の右が基本だった。

あとは相撲の技で思わず使っちゃったのが小手投げ。スティーブ・ウイリアムスがバックドロップを仕掛けてきて……そのちょっと前に谷津さんがウイリアムスの急角度のバックドロップであばらを折られていたから「ヤバい！」と思って咄嗟に出た。小手投げは相撲取りの時の十八番だからね。そうやって無意識に、咄嗟に出る技って大切だよ。

アトミックドロップからのバックドロップは、馬場さんに「やってみろ！」って言われたの。あの当時はアトミックドロップをやる選手はいなかったと思うし、アトミックドロップもバックドロップも自分をより大きく、よりダイナミックに見せることができる大技だから、馬場さんが俺のために考えてくれたと思うんだよね。難しい技じゃないし、技の移行もスムーズだから、すぐにマスターできた。

馬場さんにはヤシの実割りも「お前、使っていいんだよ」って言われて、小橋や菊地を実験台にして教えてもらった。俺としては使いづらい技だったんだけど「使え！」ってうるさく言われたから、使うしかねぇって。あの技は意外とタイミングが難しいんだよ。脳天チョップも「使っていいんだからな」って。それは馬場さん的には「使えよ」っていう意味だから。師匠に言われたら、使わないわけにいかねぇよな(苦笑)。

超世代軍からおじさん軍団へ移籍

6月5日、田上は第52代アジア・タッグ王者になる。同王座はタイガーマスク&小橋が保持していたが、素顔になった三沢が「小橋には悪いけど、世界を狙うから。シングル（三冠）とタッグ（世界タッグ）をね。そのために返上します」と宣言。空位になった王座を仲野と組んでデイビーボーイ・スミス&ジョニー・スミスと争い、勝利したのだ。デビュー2年半にしての初戴冠だった。

3日後の6・8日本武道館では鶴田vs三沢の頂上対決が行われ、三沢が逆転の片エビ固めで歴史的勝利を飾って新時代の到来を予感させたが、全日本からSWSへの選手流出は止まらなかった。シリーズ終了後に仲野が移籍したために、田上のアジア・タッグ王座は返上を余儀なくされたのである。

続く7月の『サマー・アクション・シリーズ』ではシリーズ序盤で谷津が退団表明し、シリーズ終了後には鶴田と世界タッグ王者になったばかりのカブキが退団。いずれもSWSに移籍した。

全日本のピンチは依然として続いたが、そんな最中の8月1日〜4日、三沢、川田、田上、小橋、菊地の若い世代は千葉・上総一ノ宮海岸で強化キャンプを張った。超世代軍の誕生である。当初、田上も超世代軍に名前を連ねていた。

アジア・タッグ王者になったのは、照れ臭い感じはしたけど、プロレスラーになった時からひとつの目標としていたチャンピオンになれたから嬉しかったよ。

その3日後の日本武道館大会は「どうにか武道館を成功させよう！　やるしかねぇ、頑張るしかねぇな！」っていう気持ちしかなかった。だから、三沢が鶴田さんに勝ったけど「これでやっていける」とかって思うような心の余裕はまだなかったね。

三沢が勝って、俺もチャンピオンになって……信ちゃんはパートナーとして、やりづらいっていうのはないし、かといって頼りになるっていうのもないし(笑)。彼は新日本でデビューしているからキャリアも長いし、レスリングは巧いなあと思っていた。でも1回も防衛しないうちにSWSに行っちゃったんだよね。全然、知らなかったよ。「あれ？」

「えっ？」っていう感じだよ。

ウチの選手があれほど抜けるとは、俺もビックリしちゃってさ。ウチの会社は大丈夫なのかなって心配したよね。「どうするんだ、ウチの会社？　試合組めるのかよ？」って。天龍さんや谷津さんといった上の人がいなくなっちゃって「えーっ？」って。カブキさんまでいなくなっちゃって「おい、おい」って。

上が抜けるということは、若いモンにとってはチャンスなんだろうけど、チャンスっていうより必死だった。「会社が潰れちゃうんじゃねぇか？」っていうのがあったから、あの時がチャンスだったと思うのはずっとあとのことだよ。あの当時は「ヤベぇ！」って、ケツに火がついた。

超世代軍の合宿は「千葉で合宿をやっているから来い！」って馬場さんに呼び出されて、1日遅れてジープで駆けつけたんだよ。で、川田を乗せて砂浜を走ったな。

「おい、シートベルトしないと危ないぞ」って言ったんだけど「平気だよ！」なんて言った矢先に砂浜に落ちちゃって。あいつは「田上に振り落とされた」とかって言っていたけど、あれは川田が勝手に落ちたんだよ。

慌ただしい合宿だった。俺は1泊しただけで「すぐ東京に帰ってこい！」って言われて、東京に戻ったら馬場さんに「お前、ジャンボと組め！」って。

「えっ、どうしてですか？」って聞いたら「カブキが辞めて、ＳＷＳに行ったんだよ」って言うからビックリだよ。鶴田さんのパートナーがいなくなっちゃったんだよね。

合宿に行く前の時点では、カブキさんは辞めてなかったし、俺、カブキさんは辞めないと思っていたから「プロレスラーは、わけわかんないなあ」って思ったよ。

ということで、俺、まだ29歳だったのに超世代軍じゃなくて、おじさん軍団に入れられちゃったというわけ。

J鶴田との大型コンビ

田上は8月18日の後楽園ホールにおける『サマー・アクション・シリーズ2』開幕戦から鶴田軍に合流。初陣は鶴田、渕とトリオを結成して超世代軍の三沢&川田&菊地と対戦して菊地をアトミックドロップからのバックドロップでフォールして鶴田の期待に応えた。

9・30後楽園ホールの馬場デビュー30周年記念大会では鶴田とのコンビで三沢&川田相手に45分時間切れ引き分けの熱闘。三沢に対して、鶴田のジャンピング・ニーパットから田上のバックドロップという新連係も繰り出した。

また、実際に使うのは3回目だが、テレビ中継でトペ・スイシーダを川田に初公開。頭から相手の胸にアタックしていくメキシコのルチャドール顔負けの空中殺法を披露している。

試合後、鶴田は暮れの『世界最強タッグ決定リーグ戦』を睨んで「今日は田上を試す上で絶好の試合だったね。最強タッグで優勝候補の一角に入れる確信を持った。田上は体力負けしないし、田上ならできるはず。今日は１００点満点！　何も言うことはないよ」と、上機嫌で田上に合格点を出した。


鶴田さんと初めて会った時の第一印象は「わっ、テレビで観ていたジャンボ鶴田だ。やっぱデケェな！」って(笑)。社交的な人だったけど、リング外での付き合いはまったくなかった。

鶴田さんはそんなに深く考えずに時の流れに身を任すような人だったけど、タッグを組むようになってからは、試合の流れの作り方とか、技をやるにしても「あのタイミングだったら、こっちのほうがいいよ」とかって、いろいろ教えていただいたね。

最初は今まで組んでいた同世代の仲間と当たるのはやりにくかったけど、そこは気持ちの整理をつけて臨んだ。ただ、最初の頃は荷が重くて、鶴田さんの足を引っ張らないようにしなくちゃという意識が強かった。

まあ、チームとしては、ハッキリ言って俺がやられ役で、いいところは鶴田さんが

鶴田とのタッグで、これまで組んできた三沢&川田と対決（1990年9月30日・後楽園ホール）。

「オーッ！」って出ていってたよ。鶴田さんはパパッとやって「ハイ、田上行ってこい」みたいな感じだから、もう大変（苦笑）。

俺が好き勝手にやって変なタイミングで鶴田さんにタッチしたら、鶴田さんから倍返しでおかしなタイミングでタッチされて、結果的に俺がひどい目に遭っちゃうのはわかってたから、やっぱり気は遣った。そりゃあ、同世代のほうが組んでいてやりやすいけど、タッチするタイミングとかは、いろいろなやり方があるから勉強にはなった。

トペ・スイシーダは別に誰かの技を研究したわけじゃなくて、俺は相撲上がりで……四つ相撲だったけど、相撲の基本として「相手には頭でぶつかっていくもんだ」っていうのがあったから、自然とできちゃった。

45分時間切れ引き分け？　突っ走ったらできないけど、まだ若かったからね。ある程度、息の使い方があって、結構休むところは休んでいるんだよ。そうじゃなきゃ、もたねぇよ。それも場数をこなして覚えるしかないんだけどね。

次の年は1時間近くやった6人タッグがあるよね？（91年4・20後楽園ホールの鶴田&田上&渕vs三沢&川田&小橋＝51分32秒、三沢がタイガー・スープレックスで田上に勝利）

最初の頃は5分やるのもキツかったのが、バテないで1時間近くやれるようになっちゃうんだから、我ながら大したもんだよ。

デビュー3年目の自信

この頃になると田上のプロレス・スタイルというものが確立されていく。突っ張りでコーナーに相手を詰めて、すくい投げでリング中央に投げ飛ばし、ロープに走って相撲ラリアットというのが攻めに転じる時の得意なパターンだった。

コーナーに振ってのエルボー、ミサイルキック、コーナー最上段からのダイビング・エルボー、ロープに振ってのサイドキックなど、空間を使ったファイトはダイナミックで、90年時点のフィニッシュは、デビュー戦から使っているブロックバスターとアトミックドロップからのバックドロップの2つ。

また技のラッシュだけでなく首4の字固めで自分なりの間合いを取って次の展開を作ったり、アキレス腱固めや膝十字固めなどのサブミッションも使うなど、ファイトの幅がグーンと広がった。

相撲の時には突っ張りなんかやったことねぇんだけどさ。輪島さんだって相撲ではやったことのない突っ張りをプロレスでやっていたから信じられなかったよ(笑)。でもまあ、相撲出身という肩書を生かす意味では、突っ張って、投げて、相撲ラリアットというのはいい攻撃パターンだったと思うよ。

　とにかく、リングを全部使って、空間も使って、いかに大きなファイトをするか、躍動感を出すかを意識していた。馬場さんに「体を大きく使え」って言われたことが、常に頭にあったんじゃないのかな。

　対角線に振った相手に走っていってエルボーを当てたり、コーナに上がってダイビング・エルボーやミサイルキックもやっていたはずだよ。

　俺、ホントは高所恐怖症なの。だから、なるべくコーナーには上がりたくなかったの。でも、みんながやるし、若いんだから、嫌だったけど、たまにはやらなきゃいけねぇかなと思って。コーナーの上って大して高くないんだけど、不安定じゃん。

　でも、ダイビング・エルボーはいくらか見栄えもするからさ。あんなのは練習できないから、その場で「やるっきゃねぇ！」でやるしかない。試合中に思い立ってやってみたら、それで決まっちゃって。「おっ、これはいいぞ！」って。

　あとは相手をロープに振ってサイドからハイキックを入れたり。股割りをやっていて、股関節が開くから足は上がったよ。四股のおかげで下半身の力があるからキックをやっても身体がブレないしね。

後々、ジャンプして相手を正面から蹴り倒すキック（ダイナミックキック）を使うようになったけど、正面からのハイキックは背中から落っこちる危険性があるから嫌だったんだよ。あのサイドキックはドロップキックの要領でやればよかったから簡単だったんだ。

アキレス腱固めや膝十字なんかのホールドも使っていたね。あれらの関節技は、渕さんやＳＷＳに行く前のカブキさんから教わっていたから。

プロレスを楽しいと思ってやったことはねぇけど、デビューから3年目に入って、ある程度は自分の流れに持っていけるようになってきたっていう気持ちはあったね。

師匠・Ｇ馬場との初対決

そして90年の掉尾を飾る最強タッグ。ハンセン&ダニー・スパイビー、ブッチャー&キマラⅡ（ジャイアント・キマラ）、ダイナマイト・キッド&ジョニー・スミス、ディック・スレーター&ディーートン、ダグ・ファーナス&リッキー・サンタナ、スカイウォーカー・ナイトロン&ブレイド・ブッチ・マスターズのランド・オブ・ジャイアンツ、小橋&ジョニー・エース、木村&井上に勝ち、ドリー&テリーのザ・ファンクスと時間切れ引き分け。馬場&アンドレ・ザ・ジャイアント、ゴディ&ウイリアムス、最終戦の12・7日本武道館で三沢&

川田に敗れて7勝3敗1分け。三沢&川田と同点3位になった。勝ち星のなかで木村&井上戦は、田上が相撲ラリアットで井上をフォールした。

また大きかったのは師匠・馬場と対戦できたことだ。馬場は11月30日の帯広市総合体育館でドリーと場外に転落した際にフロアに左腰を強打、左大腿骨亀裂骨折の重傷を負い、以後、半年間の長期欠場を強いられたが、田上は11月20日の愛知県体育館の公式戦で対戦することができた。

田上は、アンドレにはドロップキック、延髄斬り、馬場には鶴田との連係でサンドイッチ・ジャンピング・ニーを浴びせ、掟破りの河津落としを仕掛けたが、最後は16文キックを食らい、続くアンドレのエルボードロップに敗れた。

「正直、師匠だし、お金をもらっている会社の社長だし(苦笑)、年も取っているから（当時、馬場は52歳)、そりゃあ、気を遣うでしょ。でも16文キックは効くねぇ。「何で、あれをよけられないんですか？」って聞かれたから「よけられない壁があるんだよ！」って(笑)。脳天チョップは手がデカいから痛いよ。

翌年の最強タッグ（91年11月22日、高松市民文化センター）でも馬場さんとアンドレのチームとやって、馬場さんのランニング・ネックブリーカーに負けちゃったのかな。

師匠との初対決（鶴田&田上VS馬場&アンドレ・1990年11月20日・愛知県体育館 ）。

どっちの試合かは忘れちゃったけど、アンドレにダブルブレーンバスターを仕掛けにいったら、鶴田さんの腰がグジュグジュって崩れたから、力でもっていったのを憶えている。馬場、アンドレ組は大き過ぎて、重過ぎちゃってタイミングが合わなかったな。

若返った客層、熱気に包まれる会場

90年は全日本にとっては大激震の年だったが、終わってみれば三沢以下の若い力が台頭した年だった。超世代軍の頑張り、それに対して高く厚い壁になった鶴田、その鶴田のパートナーとして同世代の超世代軍とやり合った田上……気付けば、客層が若返り、全日本は以前にも増して活況を呈したのである。そして田上はキャリア3年にして完全に全日本のトップグループ入りを果たした。

やっぱり大量離脱は大きかったよ。その真っ只中では危機感しかなかったけど、結果的に残った俺らには凄くいいチャンス、アップしていくきっかけになった。
天龍さんたちがいたら、まだまだダメだっただろうね。俺たちが上に行くにはあと数年はかかったと思う。

あの時点で三沢、川田はそれなりにキャリアを積んでいたけど、俺や小橋なんかは2～3年だから、それを思うと、それまで上の人たちにやられて、いろんなものを溜め込んでいたのがよかったのかもしれない。

俺らの試合を観に来てくれるお客さんが増えたのは嬉しいなと思っていたよ。お客さんの層が若くなって、ノリノリのお客さんが増えて、会場の熱気も上がっていった。あれは励みというか、選手は馬鹿が多いから、調子に乗って大きな技をひとつ出すところを二つぐらい出ちゃっていたかもしれない(笑)。

女性ファンも増えたよね。それを考えたら超世代軍のほうがよかったかって？　どっちみち俺はもう結婚していたからいいんだけどね、どうでも(笑)。

あとガイジン選手たちの意識も変わったと思うよ。最初は俺たちのことを格下だと思って見下していたと思うけど、彼らも少しずつでもスタイルを変えていかないと新しい波に乗れないし、それに付いてこられなければ使ってもらえないからね。

ガイジンといえば思い出すのがダニー・クロファット……あいつ、イタズラ好きの馬鹿で、どうにもなんねぇよ。誰かがクレージー・フレンチカナディアンって言っていたよ。

試合やっている時にお客の前でタイツをバッと下ろされてさ。「馬鹿野郎、冗談じゃねぇぞ！」って(笑)。「こういう時に普通の紐だと切れちゃうんだ！」って思ったから、あれからタイツの紐は絶対に切れないようなやつにしたもん。

馬鹿ガイジンの話はさておき、90年っていうのは、やっと「プロレスで食っていけるかな」って思えるようになった時期でもあるかな。それはギャラが上がったから(笑)。天龍さんたちがいなくなってからガーンと上がった。ボーナスみたいなものも出たしね。

揉めるもとだから、レスラー同士でギャラを言い合うことはないけど、三沢なんかは天龍さん以上にもらうようになったと思うよ。

川田との抗争で成長

91年、全日本は田上をさらに成長させるために1月の『新春ジャイアント・シリーズ』で『田上明試練の七番勝負』を行った。それまで全日本でこうした企画が行われたのは鶴田の十番勝負、三沢タイガーマスクの猛虎七番勝負、小橋の七番勝負だけ。いかに田上に期待をかけていたかがわかる。

果たして戦績は第1戦＝ダニー・スパイビーのスパイビー・スパイクに負け、第2戦＝キマラにダイビング・エルボードロップで勝ち、第3戦＝川田のパワーボムに負け、第4戦＝ジョニー・エースにアトミックドロップからのバックドロップで勝ち、第5戦＝小橋に逆片エビ固めで勝ち、第6戦＝ブッチャーのエルボードロップに負け、第7戦＝三沢のタイガー・ドライバー91に負けの3勝4敗の負け越し。

この七番勝負の最大の見どころは川田との抗争が勃発したことだ。1月2日の後楽園ホールの新年開幕戦における七番勝負第1戦でスパイビーに負けた田上を「せっかくチャンスをもらったのに、あんな試合をするなんて情けない！」と川田が襲撃したことで因縁が生まれ、七番勝負第3戦として組まれた1・7大阪府立体育会館での一騎打ちは川田のパワーボムに完敗。鶴田に「あんな負け方しやがって。もう1回やれ！」と叱責された。

1月15日の後楽園ホールで七番勝負番外戦として実現した川田との再戦では、フェンスとイスで流血に追い込まれた田上だが、ヘッドバッドの乱打で反撃し、互角の喧嘩ファイトを展開。最後はもつれ込むように両者がダウン状態になり、上になっていた川田のフォール勝ちとなった。

試合後、川田は「今日はあいつのやる気を感じた。いつもあのくらいで試合していたらいいんだよ。見直したよ。楽しみだね、またやるのが」と、満足げにコメント。

当時の全日本は鶴田vs三沢が主軸だっただけに、川田もシングルでのライバルを欲し、田上に目を付けたのだろう。ライバル関係が成立したことは、川田にとっても田上にとっても大きな収穫だった。

そして1・27後楽園の七番勝負最終戦。三沢との初一騎打ちに臨んだ田上は、左腕で首をホールドして浴びせ倒すゴールデン・アームボンバーを初公開。最後は三沢初公開のタイガー・ドライバー91に敗れたが、これもまた意義のある一戦だった。

どういう経緯かは忘れちゃったけど、川田が茶々を入れてきたんだよね。当時の主役は鶴田さんと三沢で、相手が不在だった川田にとっては俺がちょうどよかったのかな？　俺もシングルで戦う相手ができたわけだから、川田に感謝しないとね。

90年の夏から鶴田さんとのタッグが主流だったけど、そこでシングルマッチを組まれるようになったのは大きいことだった。やっぱり、この仕事はシングル……シングルマッチで結果を出すというのが目指すところだからね。行き着く先はやっぱり三冠だから。

川田との抗争はどうしても場外乱闘とか、ラフな試合になったけど、あいつとの戦いを通して場外乱闘で試合の流れを変えるとか、会場全体を使って試合をするとか、俺の攻撃のバリエーションも増えた気がする。プロレスの仕組みを段々と覚えている時期だったと思うね。アホじゃなかったな。俺も(笑)。いくらか勉強したんじゃない？

川田は、バーンと行ったら、バーンと返ってくるような、やりやすい相手だったよ。あいつも単純だから。

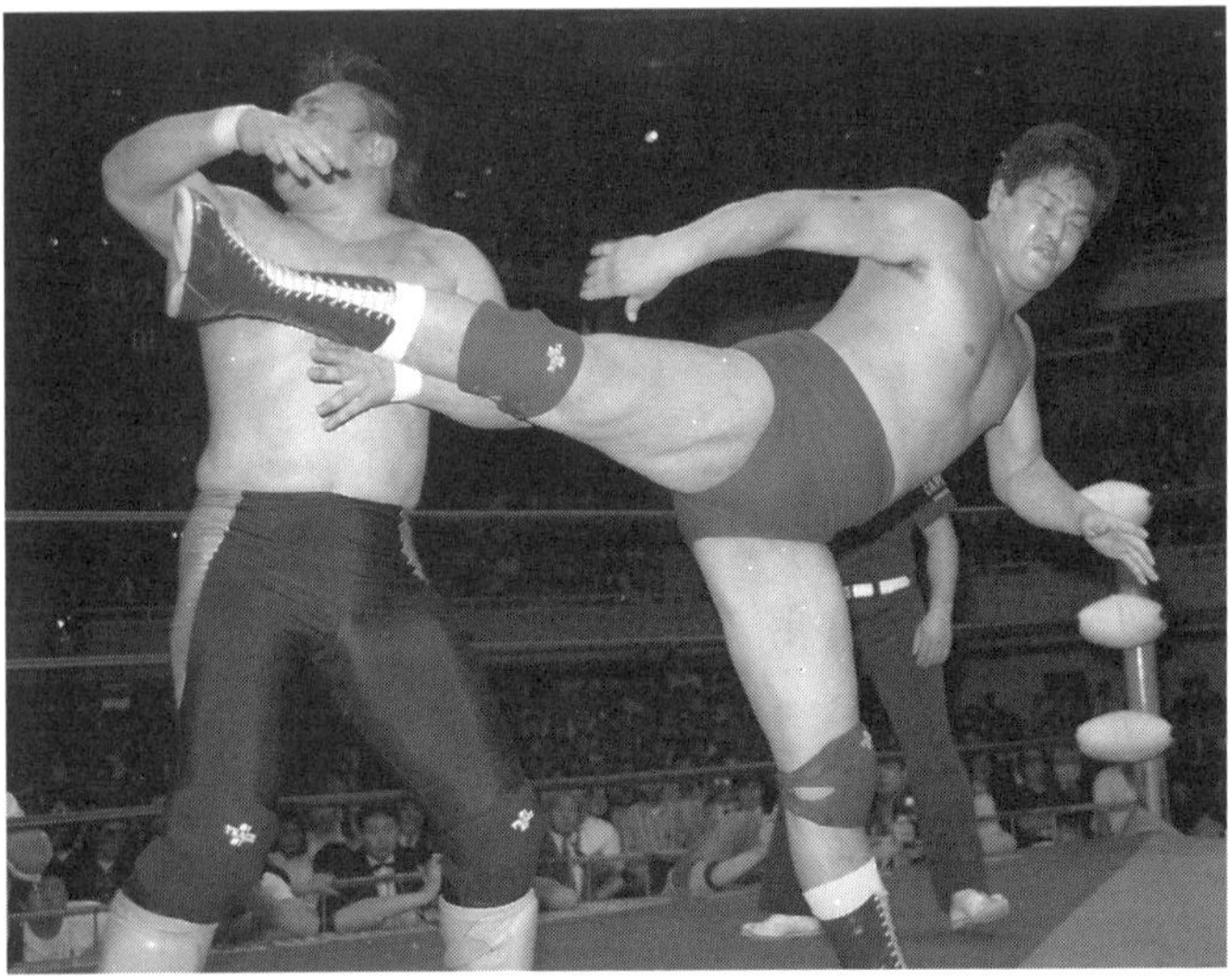

川田とのライバル抗争は注目を集めた。4度目の一騎打ちで初勝利（1991年4月18日・日本武道館）。

七番勝負最終戦の相手は三沢。強烈なタイガー・ドライバー91を食らって敗退（1991年1月26日・後楽園ホール）。

七番勝負最終戦の三沢戦は参った。最後に食らったタイガー・ドライバー91……あれは効いたわ。あの技はエグイ。受け身は取れないし、思いっきり脳天からキャンバスに突き刺さっちゃったんだからシャレになんねぇよ（苦笑）。

やっちゃいかんぞ、あんなの。目から火花が出て、首が折れたかと思った。三沢、俺にやってからは誰にも使ってないんじゃないの？　川田と小橋にやってるの？　きっと川田はブーブー言っただろう（笑）。

三沢と試合をするのは好きじゃなかったね。スタイル的もそうだし、やりづらい。何がやりづらいかって？　全体的にだね。ヒラヒラ、のらりくらりって感じで、何だかやりづらいんだよ。

あの三沢との試合で俺、首をホールドするアームボンバーをやったんだ。元祖アームボンバーは相手を喉輪で掴むから利き手の右のほうがやりやすいけど、相手の首をホールドするやつはラリアットと同じで左肩でタックルする要領で仕掛けるから左腕でやるの。まさに黄金の左……ゴールデンなレフトアームのボンバーだよ（笑）。

ガイジンにはブッチャー、スパイビーには負けて、エースとキマラに勝っているのか。当時はエースのほうが俺より格上だったのかな？　エースは、俺らが普通に日本語を喋っていても、結構把握しちゃうんだよね。日本語がわかるわけじゃないのに、俺らが言わんとしていることがわかっていた。のちにWWEで副社長になるんだから、やっぱり頭が良かったんだろうね。

七番勝負はシングルでの試合の組み立てとか、攻撃のバリエーションを広げる意味で勉強になったし、精神的にも勉強になった。それまでは、やられたら隙を待っていた感じだったけど、特に川田との抗争で〝やられたら、やり返す！〟っていうのが出てきたと思う。１対１だと自分の身を守れるのは自分だけしかいないんだから、おっとり、のんびりしていられなくなったよ。

やりづらかった鶴田戦

91年春には82年大会以来9年ぶりに覇権を争う『チャンピオン・カーニバル』が復活。Bブロックにエントリーされた田上は3月29日の長岡市厚生会館における公式戦初戦で師匠格の鶴田と初のシングルマッチを行った。

ドロップキックからサイドキックで先制攻撃に出て、トペ・スイシーダからDDT、ブロックバスターで大善戦したが、10分過ぎからは鶴田のペースに。

余裕の鶴田は、技が出なくなった田上にフロント・ハイキック、ラリアット、とどめは必殺のバックドロップ。田上は12分38秒で鶴田の軍門に下った。

その後、クロファットにアームボンバーで勝ち、スパイビー・スパイクで敗れ、カクタス・ジャックには逆片エビ固めで勝利。4・12博多スターレーンでの川田との3度目の対決はフェースロックに敗れたが、最終公式戦のジョニー・スミス戦はアームボンバーで勝利し、3勝3敗の五分の星で大会を終了した。

さらにカーニバル終了後の4月18日の日本武道館では川田と4度目の一騎打ちを行い、場外戦で川田にアームボンバーを仕掛けてリングアウト勝ちながら初勝利。シングルプレイヤーとしても一歩一歩ステップアップしていった。


鶴田さんはやりづらいなんてもんじゃねぇよ。俺のことをグリーンボーイ時代から知っているし、普段はタッグを組みながら試合の流れを教わっているから、何をやっても先を読まれちゃうような感じだった。手の内を完全に読まれていたと思うな。

それで、こっちが必死にやっているのに「ハイ、ハイ!」なんて言って、ケロッとした顔でいられると「俺の技、効かないのかよ?」ってガックリきちゃうんだよね。調子狂うよ。

試合をしていて嫌になっちゃうような人。「俺が疲れているのに、この人はいつになったら疲れるんだろう?」って、精神的にやられちゃう。

ジャンピング・ニーが結構痛いし、鶴田さんのバックドロップは、身長があって的確だから効いた。スティーブ・ウイリアムスのバックドロップなんかは根こそぎ持っていかれる感じで、相手によって角度をコントロールする鶴田さんとはまた種類が違うんだよ。

最後の日本武道館で川田の後頭部をアームボンバーで場外フロアに叩きつけて勝ったけど、やっと1勝3敗だし、ホントに勝っただけっていう感じだった。勝敗も大事だけど、それよりも「今度やったら、勝ち負けじゃなくて、ガンガン攻めてやろう！」っていう気持ちにさせられたね。

田上コールが嬉しかった最強タッグ

91年、鶴田&田上の鶴明砲は3・4浜松市体育館でゴディ&ウイリアムスの世界タッグに初挑戦したが、田上がゴディのパワーボムに沈められて王座奪取はならず。

6月1日の日本武道館ではゴディ&ウイリアムスを撃破して新王者になったハンセン&スパイビーにアタックしたが、田上がスパイビーのスパイビー・スパイクに敗れた。

さらに9・4日本武道館ではハンセン&スパイビー→ゴディ&ウイリアムス→三沢&川田と目まぐるしく移動したベルトに3度目の挑戦をしたものの、鶴田が三沢の新必殺技フェースロックにギブアップ負けするという衝撃の結末で、またもベルト獲りに失敗。

年末の最強タッグは馬場&アンドレに敗れただけで、ハンセン&スパイビー、キッド&ジョニー・スミス、クロファット&ダグ・ファーナスのカンナム・エキスプレス、ドリー&アル・ペレス、エース&サニー・ビーチ、ディートン&ビリー・ブラック、ブッチャー&キマラⅡ、小橋&菊地、木村&井上に勝ち、三沢&川田とゴディ&ウイリアムスとは時間切れ引き分けの9勝1敗2引き分け。2連覇を果たしたゴディ&ウイリアムに続いて、馬場&アンドレ、ハンセン&スパイビーと並ぶ2位になった。

特筆すべきは前年大会で田上がフォールしたのは、木村&井上との対戦で井上から奪ったひとつだけであったが、今回の大会では9勝のうち、ペレスを首固め、クロファット、ビーチ、菊地、井上の4人をアームボンバーでフォールして5勝を勝ち取ったことだ。

世界タッグは近いようで遠かったねぇ。でも最強タッグで勝ち星の半分以上の5勝を俺が取っているということは、俺も鶴田さんに試合の中で働かされるようになったってことだよ(笑)。1敗の馬場、アンドレ組は……あの2人には勝てねぇだろ(苦笑)。

でも最後の日本武道館ではハンセン&スパイビーが勝てば優勝というのを阻止して、優勝決定戦に望みをつないだんだよ。2人掛かりのバックドロップで脳天から真っ逆さまに落とされたり、合体パワーボムで叩きつけられても、俺、頑張ってカウント2で跳ねて、鶴田さんの勝利につなげたもんな。お客さんの田上コールは嬉しかったな。

あの日本武道館ではダイナマイト・キッドが引退したんだよな。俺は全盛期の姿は全然知らないけど、小さくても気が強かった。普段は神経質そうで、冗談通じねぇなっていう感じがしたな。

あと大会途中の大阪（11月21日）の試合後の酒の席で川田が三沢を殴っちゃうっていう事件があったんだよ。顔が腫れ上がった三沢が試合中に負傷ということで何試合か欠場して、川田は東京に帰っちゃって。当時は公にならなかったし、みんな隠密にやっていたから、俺なんかはわけがわかんなくて、三沢に「どうしたの？」なんて平気で聞いちゃって(笑)。

91年の最強タッグはいろいろあった大会だから印象に残っているよね。

世界タッグ戴冠

92年、田上は開幕戦の1月2日の後楽園ホールで新春恒例のヘビー級バトルロイヤルで最後に残った永源、ディートンを振り切って優勝、賞金100万円を獲得して幸先のいいスタートを切った。

3月4日の日本武道館ではゴディ&ウイリアムスの世界タッグに挑戦。鶴田がウイリアムスにバックドロップを爆発させて念願の世界タッグ王座を奪取したが、鶴田がフィニッシュに入る時、田上がゴディをタックルで場外に吹っ飛ばし、さらにトペ・スイシーダを発射して殺人魚雷コンビを分断するという好フォローを見せた。

勢いに乗って突入した『チャンピオン・カーニバル』は川田、小川良成、デビッド・アイズリーにアームボンバーで勝ち、ビリー・ブラックには不戦勝、ハンセンのラリアット、ウイリアムスのオクラホマ・スタンピート、スパイビーのスパイビー・スパイクに敗れ、終盤に右足首の靭帯を損傷したために小橋、クロファットには不戦敗で4勝5敗の負け越しに終わったが、川田に勝った3月31日の富山市体育館の公式戦でオリジナル新必殺技の喉輪落としを披露した。

まだハイアングルではなく、川田の喉を鷲掴みにしてそのまま叩きつけるというもの。アームボンバーは左腕で決めるが、喉輪落としは利き手の右手で決めるのがミソ。この2つを巧みに使い分け、最後は従来のアームボンバーで勝利した。

さらに翌『スーパー・パワー・シリーズ』の5・30浜松市体育館における鶴田と組んでの三沢&菊地戦では右手で菊地の喉を捕らえると、高々と釣り上げての高角度喉輪落としを公開。当初はネックハンギング式喉輪落としとも呼ばれた。

6日後の6・5日本武道館での三沢&小橋相手の世界タッグ初防衛戦では、この技で小橋をフォールして防衛に成功したことで田上の必殺技として認知された。田上の代名詞になるチョークスラム式の喉輪落としが完成したのである。

世界タッグを獲った時は、もう4回目の挑戦だから、やぶれかぶれで何も考えずに行ったのが、かえってよかったのかもしれない。鶴田さんとタッグを組んで1年半以上も経っていたから「やっと鶴田さんのお荷物じゃなくなった」って嬉しかったし、ホッとしたよ。

俺も元気だったけど、ゴディもウイリアムスも元気だったよねぇ。

ゴディは同い年だけど、10代からプロレスをやっているんでしょ? キャリアがえらい違うもんね。そんなに付き合いはないから、人間的な部分はあんまり知らないけど、ことリングの中のプロレスでは攻守がうまく噛み合って、やりやすい感じがした。

ゴディはデカくて、動きが速くて、レスリングが上手で、技もキレて、受けもできるから相手を引き立たせることもできるしね。ホントにいい選手だったと思う。

ウイリアムスは最初の頃、落ち着きがないっていうか、間とかタイミングがわかってなかったよね。力があるけど不器用で危ないんだよ。でも、試合を重ねていくうちに間が取れるようになったし、試合自体は単純だから、彼と試合をするのは嫌いじゃなかった。

ゴディ&ウイリアムスを撃破し、鶴明砲で念願の世界タッグ奪取(1992年3月4日・日本武道館)。

カーニバルでは川田に喉輪落としがバッチリ決まったよね。アームボンバーは相手をホールドした腕のフックが外れることがあったんだよ。腕で相手を抱え込むより、喉輪で掴んだほうが扱いやすいし、威力的にもいいんじゃないかなと思ったの。

アームボンバーは左だけど、喉輪落としの場合は左じゃなくて右。相手を掴んで、そこから叩きつけるっていうのは利き手の右のほうがやりやすかった。

最初は喉輪で掴んで倒すだけだったけど、やっぱり上げて落としたほうが威力あるし、見栄えもいいだろうしということで、まずは軽い菊地にやったらバッチリ決まった。

外国のビデオで誰かがやっているのをチラッと観て「喉輪落としにこうやって落差をつけたらいいんじゃねぇかな」と思ったんだよ。誰がやっていたんだろ？　アンダーテイカーだったのかな？　ちょっと憶えてないな。

初防衛戦で小橋からあの技でピンフォールを取ったのは、鶴田さんが俺を試したんじゃないかと思う。試合を作るのは基本的には鶴田さんだから、あの時は俺に任せてくれた。

試合作りはリーダーの鶴田さんが「こういうのをやってみようか？」って言って、それをやっていく感じだった。たまには俺から言うのもあったと思うけど、ほとんどは鶴田さんだったよ。

コンビネーションとしては、組んだ頃からやっていたダブルでのハイブーツ（フロント・

92年に完成させた高角度喉輪落とし。以後、代名詞的な必殺技となる。

ハイキック)、サンドイッチ・ジャンピング・ニー、2人掛かりでのアトミックドロップからのバックドロップ、鶴田さんのバックドロップと俺のコーナーからのアームボンバーの合体、そして鶴田さんのバックドロップと俺の喉輪落としの合体とか、いろいろあった。

技だけじゃなくて、たとえば鶴田さんが相手を場外に放り投げたら、俺はすぐに場外に降りて相手をフェンスに叩きつけるとかの阿吽《あうん》の呼吸が大事だった。ずっと組んでいたから、自然と2人のタッグチームの型が出来上がっていたと思うな。

ただ、鶴田さんの試合の作りは大雑把(笑)。でも、あんまり小うるさいよりよかったよ。

突然だった鶴明砲の終焉

だが、鶴田&田上の大型コンビは年末の最強タッグを待たずに解散を余儀なくされる。その予兆は7月の『サマー・アクション・シリーズ』を鶴田が欠場したことだ。表向きにはシリーズオフの練習中に左足首を負傷したためとされたが、鶴田の欠場は85年8月5日の大阪城ホール大会を右肘出術のために休んで以来、6年11ヵ月ぶりのことだった。

鶴田不在の状況下、鶴田軍の臨時リーダーとして奮闘した田上は、7月31日の松戸市運動公園体育館でハンセンの三冠王座に初挑戦。ブロックバスター、アームボンバー、掟破りのラリアットで肉薄したが、喉輪落としは決められずにラリアットに涙を飲んだ。

続く8月の『サマー・アクション・シリーズ2』で鶴田は復帰して『ジャイアント・シリーズ』の10・7大阪府立体育会館でゴディ&ウイリアムスと世界タッグ2度目の防衛戦。田上がほとんど出ずっぱり状態になりながら、喉輪落としでゴディを初フォールして防衛に成功して年末の最強タッグに向けて弾みをつけた。

しかし最強タッグ開幕前日の11月13日、緊急記者会見を開いた馬場の口から内臓疾患による鶴田の欠場が発表された。

この時点では公にされなかったが、B型肝炎を発症したのである。7月の欠場も、実は肝機能の状態を測るGOTとGTP値が上昇していたため、昭和大学病院に検査入院していたのだ。

こうして鶴田&田上の鶴明砲は唐突に終焉を迎えた——。


鶴田さんが7月シリーズを休む前、体調が悪いとかっていうのは感じなかったし、何も知らなかったからビックリしたっていうのが正直なところ。

こういう性格だから鶴田さん不在のプレッシャーはなかったけど、鶴田さんが休んでいる最中のハンセンへの三冠初挑戦は俺なりに頑張った。ベルトには届かなかったけど、鶴田さんと組んで世界タッグのベルトを獲ったぐらいから、ハンセンも、ある程度は認めてくれるようになったんだなって実感した試合だったね。

カムバックしてからの鶴田さんの体調は……どうだったかは、はっきり憶えていないんだけど、最後の防衛戦は気を遣ったかもしれない。ほとんど俺が出ずっぱりだったと思うよ。

鶴田さんの本当の病気を知ったのはいつだったのかな？　マスコミよりは全然前には知っていたと思うけど……。

秋山との新タッグでチームリーダーに

鶴田欠場により、馬場が最強タッグの田上のパートナーに抜擢したのは、9月17日にデビューしたばかりで『ジャイアント・シリーズ』の1シリーズだけしか試合をしていない新人の秋山準。これまで鶴田に引っ張ってもらっていた田上だが、いきなり専修大学レスリング部の主将から鳴り物入りで入団した期待のルーキーを育てる立場になったのだ。

田上&秋山はドリー&菊地、カンナム・エキスプレス、スパイビー&ケンドール・ウインダム、ディートン&ブラック、パトリオット&ジ・イーグル、ブッチャー&キマラに勝ち、ハンセン&エース、ゴディ&ウイリアムス、馬場&小橋に敗れて6勝3敗で最終戦の12月4

日の日本武道館へ。

6勝のうちスパイビー&ウインダムに勝った試合は、秋山がウインダムをジャーマン・スープレックスで仕留めたもの。また秋山のダイビング・ネックブリーカーと田上のバックドロップの合体技も飛び出すなど、秋山を伸び伸びとファイトさせる田上のおおらかな好リードも光った。

日本武道館を迎えた時点で優勝の可能性は消えていたものの、三沢&川田相手とメインイベントで最終公式戦を行って堂々のファイト。三沢に喉輪落としとバックドロップの合体技を決めるなどの大健闘で大観衆を熱狂させた。最後は秋山が三沢のタイガー・ドライバーに3カウントを聞いたが、この4人で92年を締め括ったことは鶴田不在の全日本にとって一筋の光明だった。


馬場さんから急に「秋山のことを頼むよ」って言われたけど、まだ秋山は新人だったし「どうにでもなれ」って開き直っていたよ(苦笑)。

否応なしにチームリーダーになっちゃって……やりづらいよね、まだ言われるほうがいいよ。そんな器じゃないのに、いつの間にか後輩の面倒を見る立場になっちゃった。

秋山は、今はひねちゃったけど、入ってきた頃は「はい、はい」って素直な青年だったんだよ（笑）。俺からのアドバイスっていっても、まだよくわからないだろうから「まあ、やりたいようにやってみな」って。

で、試合の中で、ちょっと変だなと思ったことだけを言ってあげていた感じかな。俺、そんな頭良くねぇからさ（苦笑）。ホントにちょこっとアドバイスするぐらいだったよ。

あとは「こういうのをやったりするか」って、いくらか相談して合体技は作ったね。俺が教えるっていうより、俺よりうまかったかもしれない（笑）。秋山は勘がいい奴だから、プロレスも上手だったし、センスがあったよ。

第五章 四天王時代

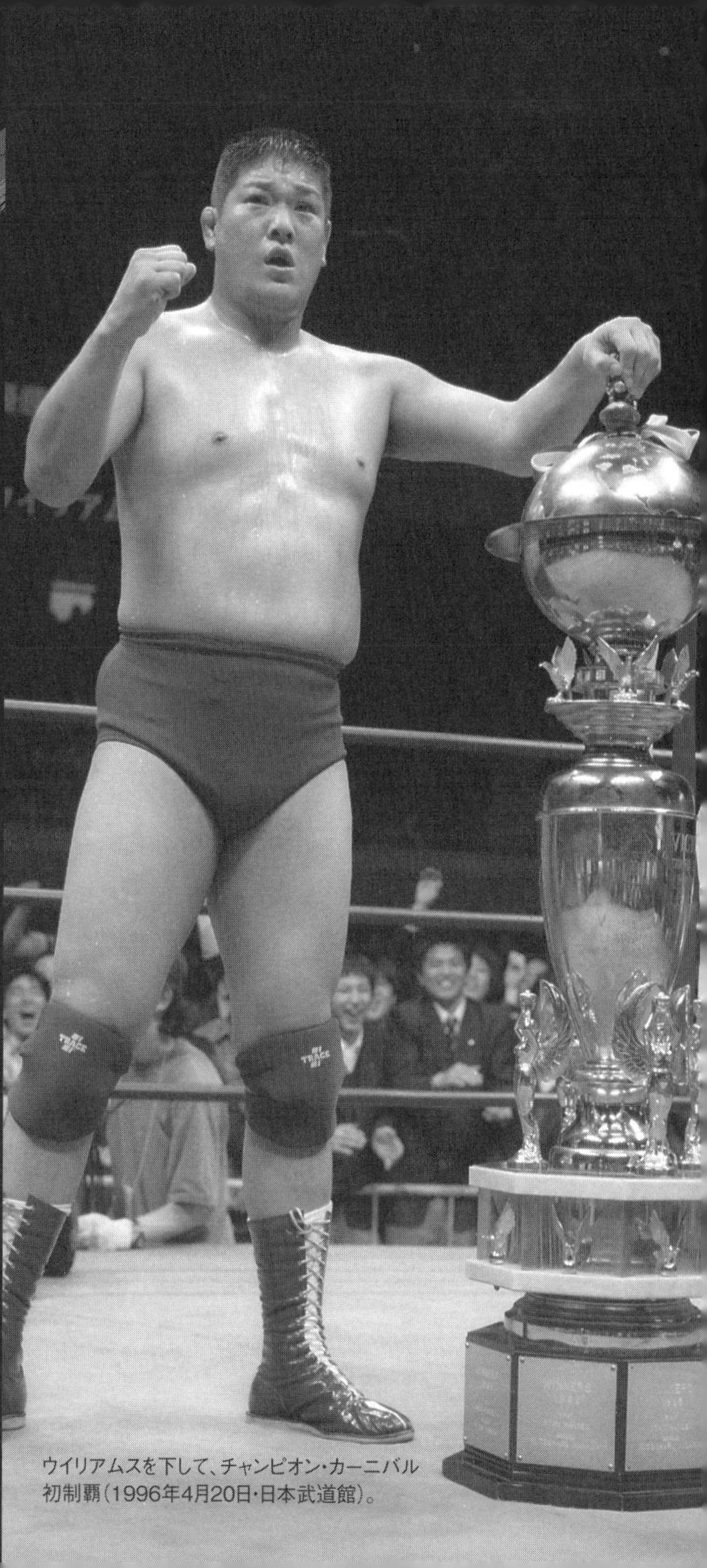

ウイリアムスを下して、チャンピオン・カーニバル初制覇（1996年4月20日・日本武道館）。

馬場さんから「川田と組め！」って

全日本プロレスは〝完全無欠のエース〟ジャンボ鶴田不在という状況で1993年を迎えた。リング上の図式は鶴田正規軍vs超世代軍を継続。鶴田正規軍は田上が暫定リーダーとなり、前年の最強タッグの流れから秋山、渕、小川を主力メンバーとしたが、戦力的に明らかに超世代軍のほうが優勢で、バランスが悪かった。

そうしたなか、川田が「戦っている俺が面白くないんだから、観ているお客さんも面白くないと思うよ。今のままでは俺も会社もダメになってしまう」と、超世代軍離脱を示唆。新たなうねりが起こりそうな空気に包まれながら3月20日に後楽園ホールで『チャンピオン・カーニバル』が開幕を迎えた。

田上は公式第3戦でウイリアムスに敗れたものの、それ以外はファーナス、エース、ディビーボーイ・スミス、パトリオット、さらに4月11日の川之江市体育館でゴディとの初一騎打ちに勝利、翌12日の大阪府立体育館では川田と30分時間切れになり、試合後には川田に握手を求められ、右手を握り返した。

その後、ハンセン、三沢に連敗し、4・18秋田県立体育館での最終公式戦で小橋に勝ったが、優勝決定戦進出はならず。なお、大会中の4月14日、愛知県体育館で馬場が「川田を超世代軍から外して、田上組に行くことをお知らせします。川田が三冠王座（当時の王者は三沢）にも挑戦しやすいように、超世代軍から外したというわけです」と発表した。

93年のカーニバルはいろいろあった。ゴディには世界タッグで一度勝ったことがあるけど、シングル初対決で勝ったっていうのは大きかったね。

デカいくせに身軽で結構ドロップキックをやってきたり、ホントに強い奴だったけど、あんまり逃げたり、すかしたりしないでバチーンとぶつかってくる相手だから、俺としてはやりやすいタイプだったよ。

でも、私生活がメチャメチャで、心臓を悪くして体を壊しちゃったのは残念だったね。この年の8月シリーズに来日した時、成田空港で倒れちゃって、そのまま緊急入院して、何日間か病院生活を送って、試合をしないで帰国したんだよな。

その1年後に来た時はもうメインでやるのは無理だった。で、結局、若くして亡くなっちゃった（心不全＝享年40）よね。

小橋とのカーニバル最終戦では、あいつがムーンサルトプレスをやろうとコーナーに上がったところを雪崩式の喉輪落としで叩きつけて勝ったんだ。その時点で川田と組むことが決定していたから、ライバルがひとり減ったと思ったんだけど、またひとり嫌～な相手が増えたっていう感じがしたよ。

川田と組むことになったのは、馬場さんに呼ばれて「川田と組め！」って言われたから。川田からも「馬場さんに言われたから」って聞いた。

馬場さんが川田に「組んだら、お前は田上の下になるんだよ」と言ったって？　知らねぇよ、俺は何も聞いてねぇよ(苦笑)。あいつ、話を作ってんじゃねぇの(苦笑)？

鶴田さんがいないからこっち（正規軍）の方が弱いじゃない。超世代軍だけじゃ、プロレスとして成り立たないしさ。だから俺はもう川田と組むしかなかったんだよ。

結成！ 聖鬼軍

川田&田上組が始動したのは『スーパー・パワー・シリーズ』第2戦の5・14後楽園ホール。小橋&菊地と対戦し、田上がハンマースローで振った小橋に川田がラリアットを叩き込むという連係も見せ、最後は田上が菊地を高角度喉輪落としで仕留めた。

5・20札幌中島体育センターではゴディ&ウイリアムスの世界タッグに挑戦し、川田の延髄斬りから田上のチョークスラムという連続攻撃でベルトを奪取。タッグ結成2戦目で戴冠という快挙をやってのけた。

翌21日大会では田上がスパイビー、川田がウイリアムス、小橋がゴディにシングルで初勝利、メインでは三沢がハンセン相手に三冠王座防衛を果たした。

この札幌2連戦は全日本に新しい潮流を作った。三沢、川田、田上、小橋の次代を担う4人がシングルでもタッグでも外国人四天王と呼ばれたハンセン、ゴディ、ウイリアムス、スパイビーを凌駕したことで、マスコミ各紙誌は『日本人四天王時代の到来！』と書き立てたのである。

四天王時代到来を象徴したのは6月1日の日本武道館。川田&田上に三沢&小橋が挑戦する世界タッグ戦がメインになり、超満員札止め1万6500人を動員。

馬場が「こんな素晴らしい勝負は初めて観た」と唸った29分12秒の大激闘の末に川田がパワーボムで小橋を押さえて川田&田上組が初防衛に成功。それは鶴田のいない全日本の新しい風景だった。

そして川田、田上、渕、小川の元鶴田正規軍は、ファン公募により聖鬼軍（せいきぐん）と命名され、秋山は超世代軍入りした。

鶴田は10月23日の日本武道館で復帰したものの、メインイベントのリングに戻ることはなく、全日本マットはごく自然な形で世代交代がなされた。

年末の最強タッグは川田&田上、三沢&小橋の2チームが馬場&ハンセンの巨艦砲と時間切れ引き分けになった以外は全勝で勝ち進み、12・3日本武道館での公式戦最終戦で直接対決を迎えた。

試合は6・1日本武道館と同じく23分34秒の熱闘になったが、最後は左膝に爆弾を抱えていた川田が小橋のバックドロップに沈んで優勝はならず。それでも川田と田上は笑顔で充実の93年を終えたのだった。

川田とのタッグは、あいつがあんまり喋んないから最初はやりにくかったなあ(苦笑)。川田は煙草が嫌いだから、俺は控室でも百田光雄さんとかの煙草組の方にいて、煙草が嫌いな人からは離れるようにしていたよ。

俺がプロレスに入った時、川田は天龍同盟だったから、川田と同じコーナーに立っていたのは天龍さんが辞めてから超世代軍ができるまでの短い期間だったけど、ずっと戦っていたことで、逆に組んでみたら試合がやりやすかった。

川田が何をやるのかのタイミングがわかるから、いい感じでタッチできていたと思うし、川田も俺がやることを知っているから、うまいタイミングでタッチしてくれる。ただ、お互いにあんまり助けに行くことはしなかったね(笑)。

結成2戦目でゴディ&ウイリアムスを破り、世界タッグ奪取（1993年5月20日・札幌中島体育センター）。

川田との聖鬼軍コンビは、以後、世界タッグ史上最多となる6度の載冠を果たす。

最初の頃は入場の順とか、コールの順とか会社が気を遣っていたみたいだけど、俺は気にしなかったよ。一応、川田が先輩だから立てていたつもり。

鶴田さんと組むと気を遣うから疲れたけど、川田だと何も気を遣わないし、試合をどう作るかっていうのも、お互いに好き勝手なこと言っていた。

でも川田のほうがキャリア長いから、俺が「うん、うん」って聞くほうが多かったかもしれない。川田は気難しいから、きっと俺が折れていたんだよ(笑)。

合体技なんかは思いつき。試合後に一緒に飲みに行くこともないから試合前の控室、それこそ試合をやっている最中に「こういうのをやってみたらどうだ?」って。

一緒に飲みに行くことはなかったけど、川田のやつ、飲みに行って遅く帰ってくると、よく俺のホテルの部屋のドアを叩くんだよ。1回、俺の方がドアを叩いてやったら、明け方に電話してくるっていう逆襲をしてきやがった(笑)。まあ、寝ている部屋にいきなり入ってきてベッドを引っくり返す天龍さんよりはましだけどね(苦笑)

札幌でゴディ&ウイリアムスから世界タッグを獲った時は、鶴田さんから川田にパートナーが代わってすぐだったから「絶対に勝つ!」っていうほどの自信はなかったけど、負けるという不安もなかった。とにかく、あの試合はどうしても結果を出したかった。

翌日にスパイビーに初勝利した試合は……それまでエース、ゴディに勝っているのにスパイビーにずっと勝てなかったのは不思議だったよ。あいつの日本での初めてのシングルマッチ（88年5・18上田市民体育館）の相手は俺で、スパイビー・スパイクの餌食にされた第1号も俺なんだ（苦笑）。

あいつは身体が固くて、膝が悪いのが弱点だったけど、デカかったからね。2メートル以上あって（203センチ）、俺は自分より大きい相手とあんまりやったことがないから、やりづらかったんだよ。

デカくて重いからフィニッシュの高角度喉輪落としはあんまり上がらなかったけど、当時の自分の置かれている状況からしたら「こんなところで足踏みはできない！」っていう気持ちだった。あそこで俺ひとりでも負けたら「四天王時代到来！」って言われなかっただろうから、勝っておいてよかったよ（笑）。

6月1日の三沢&小橋とのタイトルマッチは、自分で言うのもアレだけど、いい勝負だったと思う。こっちも向こうも組んだばかりだけど、こっちのほうが大技が多かったし、連係もスムーズだったのが勝因だろうね。

最強タッグでは三沢&小橋に負けたし、秋（9・1日本武道館）にはハンセンとテッド・デビアスのコンビに世界タッグを獲られちゃって、課題も残ったけど、93年は気分よく終えることができたよ。

四天王による世界タッグ戦が実現。激闘を制し、三沢&小橋相手に防衛(1993年6月1日・日本武道館)。

90年に天龍さんたちが大量離脱した時は「ウチの会社、どうなっちゃうんだろう?」っていう不安な気持ちが強かったけど、この93年は「自分たちが頑張んなきゃいけない」っていう意識で戦った1年だった。

川田との一騎打ち、小橋とのタッグ

明けた94年はパートナーの川田の年だった。4月16日の日本武道館でウイリアムスを撃破して『チャンピオン・カーニバル』に初優勝。10月22日の日本武道館では三沢から三冠を奪取したウイリアムスを再び下して三冠を初戴冠した。

田上は4月11日の大阪府立体育会館のカーニバル公式戦でハンセンに喉輪落としを決めて初勝利。川田がウイリアムスから三冠を奪取した10・22日本武道館では、何と小橋と同期タッグを結成して三沢&ハンセンと激突。ハンセンのラリアットに屈してしまったが、犬猿の仲(?)の小橋と息の合ったところを見せて、三沢、ハンセンそれぞれにバックドロップと喉輪落としの合体技を炸裂させた。

デビューから6年以上経って、カーニバル公式戦でようやくハンセンに勝てたけど、もう全盛期じゃなくて、いくらか弱ってきていたから昔ほどの怖さはなかったし、確か左脇腹を痛めていたはずだよ。勝っても感慨みたいなものはなかったな。

あのカーニバルは三沢がすぐに負傷リタイア（2戦消化しただけで首と腰の負傷のため残りは不戦敗）しちゃって、本命が消えた大会だったよね。

印象に残っているのは、組んでから初めて川田と一騎打ちをやった試合（4・14愛知県体育館）かな。やっぱり組んでいる奴と戦ってもしっくりこないっていうか「こんなにやっちゃっていいのかな?」って、攻めていてふと思っちゃった。最後はパワーボムでやられちゃって……あの頃の俺は非情になり切れないというか、まだまだ俺は甘かったよ。

小橋とのタッグは、新聞を見てカードを知って「これ、間違ってやがる」と思ったんだけど(苦笑)。俺とハンセンが組んで三沢、小橋とやるほうがいいなと思ったよ。何か、3人敵がいる中で試合をやるみたいな感覚だったね。

でも、いざ試合をしてみたら……自然と合体技が出ちゃったりして。最初は小橋がやられていても助けに行こうとも思わなかったけど(笑)、勝ちに行ったら自然とチームワークが生まれた感じだった。ちょっと不思議だったね。

向こうに小橋がいるからハンセンを振ったら、小橋がラリアットを決めたっていう程度の連係だったけどね。まあ、今となればいい思い出ということで。

あと、年末の最強タッグは、最終戦の日本武道館（12月10日）で馬場さんとハンセンのコンビに勝ったら優勝で、そうしたら川田を三冠と世界タッグの五冠王にしてあげられたんだけど、川田がハンセンのラリアットにやられて三沢と小橋に2連覇されちゃった（ウイリアムス&エースに勝利）。あれは悔しかったな。

四天王プロレスの真髄

94年は現状維持という感じだった田上だが、95年は躍進する。

まず話題になったのは川田&田上vs三沢&小橋のタッグ名勝負数え唄だ。1月27日の山形県体育館で三沢&小橋の世界タッグに挑戦して60分時間切れ引き分け、6月9日の日本武道館では42分37秒の死闘の末に川田がパワーボムで三沢を初めてフォールして川田&田上が世界タッグ奪取。

10月15日の愛知県体育館における川田&田上の防衛戦はまたまた60分時間切れになり、11月21日の札幌中島体育センターでの最強タッグ公式戦は残り時間わずか59秒の29分1秒に川田がパワーボムで小橋をフォールした。

そして12月9日、日本武道館での全日本95年最終戦の最強タッグ優勝戦では小橋が田上をムーンサルトプレスでフォールして、三沢&小橋が史上初の最強タッグ3連覇を達成。これも27分4秒の激闘だった。

「この4人の戦いに解説はいらん。勝因も、敗因も……もう何もない。この4人の戦いが世界一だと思うなあ」と、馬場はこの両チームの戦いを評した。

多分、山形の最初の60分の時には「骨折り損のくたびれ儲け」みたいなコメントをしたと思うけど、ホントにくたびれたのを憶えている。日本武道館でベルトを獲った時は、その前の札幌の試合（5月26日）で肋軟骨を骨折していたから、三沢たちにバレないように試合するのが大変だったんだよ。バレたら、あいつら非情に攻めてくるからさ。

名古屋の60分はホントに疲れた。もうダメ、死ぬかと思ったよ(苦笑)。川田は「こんなことやっていたら、プロレスラーとしての寿命じゃなくて、人としての寿命が縮まる」って、ぼやいていたもんなあ。

勝負もそうだけど、お客さんを丸々1時間、飽きさせないっていうのは大変なことだよ。でも、そうしなきゃお金もらえないから(苦笑)。

どういう試合やっていたのかな? 頭で考えるんじゃなくて、体が勝手にやってたんだろうなあ。ほとんどノンストップの攻防の中で「次に何をやろう?」なんて考えていたら、

最強タッグ優勝戦で三沢&小橋と激突。「この4人の戦いに解説はいらん」と馬場が四天王を絶賛（1995年12月9日・日本武道館）。

27分4秒の熱闘の末、惜しくも小橋のムーンサルトプレスに敗れた。

追っつかないからね。

息は上がっちゃうけど、あとは「負けたくない！」っていう気持ち。自分だけデレッとするわけにいかないじゃない。そういうのも頭にあったんじゃないかな。

俺たちの戦いを馬場さんが褒めていたって？　4人が4人とも「こいつらにはデレッとした姿を見せたくない！」って感じだったと思うし、4人とも負けず嫌いなんだよ。

「負けたくない！」っていうのは対戦相手の三沢、小橋だけじゃなくて、パートナーの川田に対してもあったよ。誰かひとりでも音を上げたら成立しなくなっちゃうんだから、負けたくない人間が4人揃っちゃったってこと(苦笑)。

それがあんな激しい、皆さんが四天王プロレスと呼んでいるプロレスを作っていったんだと思うよ。

必殺の断崖喉輪落とし

95年はシングルでも台頭した年だった。『チャンピオン・カーニバル』開幕戦の3・21後楽園における小橋との公式初戦でエプロンから場外に叩きつける断崖喉輪落としを初公開！そして2・19後楽園ホールで秋山相手に初公開したシットダウン式のパワーボム……ダイナミック・ボムを炸裂させ、最後は通常の右手ではなく、左手で吊り上げての高角度喉輪落としで完勝してみせた。

4・8大阪府立体育館での盟友・川田との公式戦でも断崖喉輪落としをお見舞いし、川田をコーナーにセットして旋回させて投げ落とす大車輪喉輪落としから、最後はダイナミック・ボムで勝利。

勢いに乗った田上は、ハンセンに逆転負けを喫した1敗と三沢と30分時間切れ引き分けになった以外は全勝（川田、小橋、秋山、大森隆男、ハンセン、エース、スパイビー、クロファット、ファーナス）の快進撃をみせて、4・15日本武道館で同点首位の三沢との優勝決定戦に臨んだ。

対戦相手の三沢は9日前の試合で川田のフロント・ハイキックで左眼窩底骨折の重傷を負いながらの出陣。田上にはやりづらかったはずだが、断崖喉輪落とし、スケールの大きな投げっ放しジャーマン・スープレックス……怪物ジャーマンで叩きつけ、とどめとばかりにダイナミック・ボム！

ところが三沢はこれをカウント2で跳ねると、ローリング・エルボー、投げっ放しジャーマン、タイガー・ドライバーで必死の反撃。カウント2で返し続けた田上だったが、最後はタイガー・スープレックス2連発に沈んだ。三沢の強靭な精神が、田上の勢いを制した一戦と言っていいだろう。

95年下半期は9月10日の日本武道館で三沢の三冠王座に挑戦。怪物ジャーマンを繰り出し、ダイナミック・ボムを炸裂させて肉薄したが、断崖喉輪落としを阻止され、ローリング・バックエルボー、ローリング・エルボーに屈している。

振り返ると95年は、カーニバル優勝にも三冠王座にも、あと一歩届かなかったが、いつトップに立ってもおかしくないだけの力量を見せつけた。

そして喉輪落とし、高角度喉輪落としのチョークスラム、大車輪喉輪落とし、断崖喉輪落としというバラエティに富んだ喉輪系の技、ダイナミック・ボムという新たなフィニッシュ・ホールド、サイドキックをやめてフロントから相手の顔面を蹴るダイナミックキック、怪物ジャーマン……スケールの大きなオリジナル技で田上スタイルを確立し、田上は「平成の怪物」「ダイナミックT」と呼ばれるようになる。


断崖式の喉輪落としは、渕さんに「こうやって場外に叩きつけたら効くんじゃないか?」って言われたの。俺は食ったことないからわかんねぇけど、あの技は対戦相手からはブーイングの嵐だった。考えた渕さんは、相手の身体を考えないひどい人だよね(苦笑)。

通常のチョークスラム式の喉輪落としは手が外れないように相手の喉をギュッと握って顎

と脇の下から持ち上げる。重い奴はタイツを持って持ち上げて、上がってしまえば、あとは相手の体重も使って叩きつけるだけなんだけど、断崖式は俺も場外に飛ばなきゃいけない。喉を掴んだ手が離れちゃうと叩きつける威力が半減するから、意外にタイミングが難しいんだ。

大車輪式は自分で考えた技。まあ、バリエーションが増えたっていうよりも、俺には技が喉輪系しか大した技がねぇから(苦笑)。

ダイナミック・ボムは……最初はゴディ式の片膝を着いて叩きつける型のパワーボムをやっていたんだけど、獣神サンダー・ライガーのライガーボムをテレビで観て「あれ、いいんじゃねぇか!」って。「違う団体だから、いいだろう」って、パクッた(笑)。

ジャーマンはね、俺は腰が悪くてあんまり後ろに反れないんだけど、三沢や小橋にいつもジャーマンで頭から落とされているから「俺もやりてぇな!」っていうのがずっとあったんだよ。「そうだ、反る前にスパッと投げちゃえばいいや!」って思って、ブリッジ式じゃなくて投げっ放しにしたの。

キック系は、それまではサイドキックが多かったけど、顔を高いところからバーンとキックしたら効くんじゃねぇかと思って、ジャンプして正面から蹴ってみたのが最初。

あれ、見た目もいいじゃん。あんまり技を持ってない俺だけど、あのキックで打撃技がひ

過激すぎる必殺技を開発。エプロンから場外に叩きつける断崖喉輪落とし。

とつ増えたよね。

あと結構使っていたのが、相手のリストを取って、そこから相手の顎を蹴り上げるスピンキック。昔、佐藤昭雄さんがやっていたやつね。あれも見栄えがいいかなと思ってやってみたの。

やっぱりプロレスはお客があってのものだから、キックにしても見栄えがいいようにと思ってさ。俺だって、ない頭をいくらか絞って考えていたんだよ。

カーニバルの決勝？　あそこまで勝ち進めたことは嬉しいけど、相手が怪我しているとやりづらいよ。途中からフェースロックを仕掛けたり、顔を踏んづけたりしたけど、やらないと「何でやらないの？」って言われるし、やったらやったで卑怯みたいだし、ホントやりづらかった。でも、三沢の凄いところは音を上げないことだね。

三冠戦はイケると思ったんだけどなあ。断崖式が決まっていれば……って、たられればの話だからさ。ジャーマンで投げたのに、えらく早く起き上がってガバッときたから、宙返りされてかわされちゃったのかな？　そういうところが三沢のやりづらさなんだよ。

最後のエルボーは、相撲の三段目の頃に横綱の北の湖に稽古をつけてもらったことがあったんだけど、その時に食らったかち上げのような衝撃があった。食らった瞬間、何もわからなくなったよ。

カーニバル優勝&三冠奪取…全日本の頂点へ

96年、田上は遂に全日本プロレスの頂点に立つ。

まず『チャンピオン・カーニバル』だ。小橋、ウイリアムス、川田との公式戦3連続の30分時間切れ引き分け、4戦目の4・1大阪府立体育会館の三沢戦はダイビング・ネックブリーカードロップに敗れてなかなか勝ち星を上げられなかったが、5戦目の秋山戦で勝利してからは怒涛《どとう》の快進撃。

その後、本田多聞、ハンセン、大森、ゲーリー・オブライト、パトリオット、エース相手に全勝し、気付けば7勝1敗3引き分けでウイリアムスと同点首位。2年連続で優勝決定戦に駒を進めたのである。

ポイントとなったのは4・8広島市東区スポーツセンターでハンセン、4・13後楽園でオブライトをいずれも高角度喉輪落としで振り切った試合だ。

オブライトは前年10月、UWFインターナショナルの最強外国人から全日本に進出。この96年1月24日の松本市総合体育館でハンセンと組んで川田&田上から世界タッグを奪取した。2・20岩手県営体育館で川田&田上に奪回されたが、3月4日の日本武道館で三沢の三冠に挑戦するなど、外国人のトップのポジションを確保していた実力者だ。

田上はそんなオブライトを相手にUスタイルに対抗するような先制のアキレス腱固めを仕掛け、オブライトの繰り出すダブルアーム・スープレックス、ジャーマンに、怪物ジャーマンで対抗。高角度喉輪落としできっちりと勝利した。

4月20日、ウイリアムスとの優勝決定戦で田上は怪物ぶりを発揮。デンジャラス・バックドロップ、ドクターボムを跳ね返し、巨体を躍らせてのダイナミックキック、高角度喉輪落としでタフなウイリアムスを轟沈させたのである。

この田上の優勝を馬場が「これまで、なるようになっていたのが、田上の優勝で会社の流れがわからなくなっちゃったなあ」と苦笑交じりで語っていたのが印象的だった。

遂に春の祭典の覇者になった田上の勢いは止まらない。5月24日、札幌中島体育センターで三沢の三冠に挑戦すると、カーニバル公式戦で敗れたダイビング・ネックブリーカードロップを喉輪落としで迎撃して逆転勝ち。第15代三冠ヘビー級王者になった。


オブライトはやりづらい選手だった。重いし、掴みどころのねぇ奴でね。試合のリズムが俺らと違うんだよ、頭も悪そうだったたし(笑)。

とにかく試合を組み立てるのが大変だった。流れがあるような試合は無理。あいつのジャーマンはドーンと行くんじゃないんだよね。ビューンって速いんだよね。

いきなり裏アキレス腱を仕掛けたのは、普段はグラウンドをやらないけど、何かひとつ極めてやろうと。「俺だってできんだぞ！」っていうのを見せてやろうと思って(笑)。

最初、オブライトはハンセンと組んでいたけど、その後にウイリアムスとＴＯＰ（トライアングル・オブ・パワー）っていうチームだっけ？　作ったよね。やたらとパワーがある2人が組んだのは最悪だったぞ。

カーニバルの優勝戦の相手のウイリアムスは、ずっと戦ってきた相手だからね。以前は不器用だったけど、ゴディに結構プロレスを教わっていたから、オブライトに比べたら、まだいくらかは試合になったと思う。

ウイリアムスのバックドロップはスゲーよ。1回、バックドロップの勢いでキャンバスに足を打って、足の親指を怪我したこともあったもんな。冗談じゃねぇって。

あの日はドクターボムで腰からキャンバスに叩きつけられて電気が走ったけど、前年のカーニバルで三沢に悲惨な負け方をしたから、最後まで気を緩めずに戦ったのがよかったかな。

優勝して、付け人の大森たちに肩車されて、あの大きい優勝トロフィーをもらって。トロフィーを横に右手をパーにして広げるポーズがその後の俺の定番になったね。

カーニバル優勝をかけてウイリアムスと対決(1996年4月20日・日本武道館)。

あのポーズはちょっとしたエピソードがあって、リングサイドのカメラマンが俺に向かって「田上さん！」って、パーの手を挙げたんだよ。「こっちに目線をください」っていう意味だったんだけど、写真を撮られることに慣れていない俺は「パーのポーズをください」っていう意味だと勘違いしてパーのポーズを取ったの(苦笑)。でも、あのポーズが意外に評判良くて定着したから、まあ、いいかって感じだよ。

札幌で三沢から三冠を獲った試合は狙い通り。カーニバルの公式戦ではダイビング・ネックブリーカーで負けているから、絶対にどうにかしてやろうと思っていた。タイガー・ドライバーを返せば、きっとあの技でくるだろうと思ってチャンスを待っていたら、案の定、トップロープから飛んできた。でもカウンターの技だからタイミングを合わせて一発で決めないといけない。それを外したら勝ち目はなかったと思うよ。あの時は、三沢がトップロープから来たのを喉輪でバッチリ捕まえて、そのまま叩きつけて……「ざまあみろ、この野郎！」って気持ちよかったなあ。

でも、俺と三沢がタイトルマッチをやる前に川田と小橋が次期挑戦者決定戦をやって、川田が勝っていて、ベルトを獲ったと同時に自動的に6月7日の日本武道館で川田と防衛戦をやることが決定していたから、そんなに余韻に浸る暇もなかった。

たった2週間でまた三冠戦だぞ。もし川田に負けたら2週間の命……そうなったら蝉みた

ダイビング・ネックブリーカーを喉輪で迎撃して三沢から三冠奪取（1996年5月24日・札幌中島体育センター）。

カーニバル優勝に続き、三冠奪取で全日本の頂点に。

いで寂しいなと思ったよ(苦笑)。

三沢は「上手」、川田と小橋は…

田上は〝2週間の蝉〟にはならなかった。ダイナミック・ボム、怪物ジャーマン、高角度喉輪落としで川田の猛攻を断ち切って初防衛に成功したのだ。

しかし田上の長期政権はならなかった。続く7・24日本武道館で同期の小橋の挑戦を受けて、ダイビング・ギロチンドロップを後頭部に食らって王座転落……それまでの対戦成績は田上の7勝0敗6引き分けだったが、14戦目にして初めて小橋に負けたのである。

悔しいは悔しいけど、負けちゃったんだからしょうがねぇし。

小橋はプロレスに入った時期が近いから、俺のことを意識していたみたいだけど……俺は誰がライバルとかじゃなくて、まず自分がプロレスを覚えることに必死だったよ。俺にしてみたら、彼が超世代軍で、俺が鶴田さんと組んで対戦するようになってからライバルになっていった感じだね。

小橋は総合的にまとまったレスラー。飛ぶのもできるし、関節技もできるし、絞めるのもできるし……総合的にいい選手だよ。よく練習していたし、剛腕ラリアットも鍛えたゴツい腕から繰り出してくるから、やっぱり効いた。

小橋だけじゃなくて、三沢も川田ももちろん、みんな総合的に優れているけど、あえて3人の違いを挙げるとすれば……三沢は一言で言えば「上手」。技をかわされることもあるし、「ここでそれをやるかよ!?」っていうタイミングで上手く返し技を食らうこともあるしね。そんなイメージだよ。

川田は「やんちゃ」(笑)。技としたら打撃系で、意外にスープレックス系は使わないんだよね。バックドロップぐらいかな。それとガッツでやってる感じ。戦っていた時代でも、組んでいた時代でも「ガッツがあるなあ」って思っていたよ。

そして小橋は「真面目」。何にでも一生懸命。よく対談とかで、川田と一緒に「小橋はナルシストだから」ってイジると、本人は怒るけど、それは誉め言葉なんだよ。自分のことが好きで、理想像の自分になるために一生懸命努力することはいいことだからね。

まあ、戦った時に一番「この野郎!」っていう感情が出るのは川田。タッグパートナーだけどね(笑)。あいつ、憎たらしい顔しているんだよ。

三沢と川田の試合も感情が出るから面白かったよね。高校時代からの先輩後輩だから、きっと何かがあるんだよ(笑)。

96年は川田とのタッグで最強タッグを初制覇した。

俺にとって三沢は何となく「この野郎！」ってガッと行けない相手だった。すかされたりすると拍子抜けしちゃって、燃える闘魂がなくなっちゃうよ。

小橋は……小橋のほうに「絶対に負けない！」みたいなものが強かったかな。4人の中で一番若かったからね。

96年はカーニバルに優勝して、三冠も初めて獲って……相撲で例えるなら平幕が横綱に勝って優勝したみたいなものかもしれないけど、俺も35歳だから元気だったね。

三冠は小橋に獲られて、世界タッグも三冠を獲る前日（5月23日の札幌）に三沢&秋山に獲られて……実際には無冠になっちゃったけど、年末の最強タッグには優勝できたから、96年は充実したいい年だった。川田とのタッグも投げ出さずに続けてきてよかったと思ったな。

U系の選手には「この野郎！」って気持ちでやってたよ

97年は全日本プロレスにとって刺激的な年になった。前年9月11日のUWFインターナショナルの神宮球場大会に川田を派遣したのを機に、馬場が開国を宣言。年末には新日本を退団した馳浩の入団が発表され、11月28&29日の札幌中島体育センター2連戦には藤原喜明とドン荒川が参戦した。

97年に入ると、オブライトを仲介に高山善廣（年末にUインターが解散となり、新たにキングダム設立に参加）が全日本参戦をアピールして、3月1日の日本武道館で川田&田上の世界タッグ（1・17松本市総合体育館でウイリアムス&エースから奪取）にオブライトと組んで挑戦。

前年の神宮で高山にジャンピング・ハイキックで勝っている川田がストレッチ・プラムからレフェリー・ストップで再び勝利したが、田上と高山の攻防も興味深かった。

自然体の田上は組みつくと力任せに叩きつけ、Uスタイルにはないタイプの打撃のダイナミックキックをぶち込み、怪物ジャーマンまで決めた。

脇固めを仕掛けられた際に、逆とったりで叩きつけたのは田上の真骨頂。格闘技の土台が違えど、田上の相撲で十両まで行ったキャリアがものを言った場面だった。

その後も8月26日の札幌中島体育センターで川田&大森と組んで高山&中野龍雄（現・巽耀）&ラクロスと対戦した際には、中野のカウンターの掌打を食らったものの、キックをキャッチしてキャンバスに叩きつけ、最後はダイナミックキック一発で勝利。

98年10・31日本武道館での川田&田上vs高山&垣原賢人では垣原の蹴り、ドロップキックをかわして踏みつけ、脳天チョップ、起き上がり小法師ラリアットで体格差を見せつけた。

全日本での戦いに順応した高山の膝蹴りに吹っ飛ばされ、エベレスト・ジャーマンに冷やりとさせられる場面もあったが、突っ張りから張り手、かんぬきスープレックスで投げ飛ばし、最後は高角度喉輪落としでガッチリとフォールした。

普段はおっとりしている田上だが、対抗戦や他流試合の様相になると意地が剥き出しになり、恐ろしい強さを発揮していた。

開国していろいろな選手が全日本に上がるようになって「よそ者には、そうはいくかい！」っていうのはあった。特にＵＷＦ系の高山や垣原はカタいっていうか、元気があったから「この野郎！」っていう気持ちでやっていたよ。

よくＵＷＦ系の人は掌打とか掌底っていうのをやってくるけど、俺は相撲でベイダーみてぇな１５０キロぐらいある奴の張り手や突っ張りを食ってきているから「どうってことねぇよ」っていうのがあったよ。圧倒的にパワーが違うからね。

あの頃は、垣原なんかは小さいし、高山もまだまだ細かったからね。それに相撲のほうがもっとエグいのが来るし。

かんぬきからのスープレックスは相撲技。相撲では両差しを食った時に相手の両腕の関節をかんぬきで極めちゃう。で、そのまま相手を土俵に出すのが極め出しという技なんだけど、土俵じゃなくてプロレスのリングだからスープレックスで投げたんだ。

高山をかんぬきスープレックスで投げ飛ばす（1998年10月31日・日本武道館）。

高山はその後、全日本に入団して一生懸命プロレスを覚えたよね。受け身も道場に通って丸藤正道とか森嶋猛らの若い選手と一緒にやっていたらしいよ。もう砧ではなく、横浜の道場の時だね。俺は道場にあんまり行かなかったから知らないんだけど(笑)。

97年に時間を戻すと、春は『ディフェンディング・チャンピオンとして『チャンピオン・カーニバル』に臨んだ。当時としては連覇しているのは馬場（73～75年の3連覇、81＆82年の2連覇）、ハンセン（91＆92年の2連覇）の2人だけだっただけに、強心臓で自然体の田上も肩に力が入って当然だ。

初戦のエース戦では固さが見えた田上だが、これを突破すると本田多聞、ウイリアムス、キマラ、秋山、オブライト、小橋に勝って破竹の7連勝。

8戦目の三沢戦でエルボーに屈してつまずき、続く大森戦には勝ったものの、川田、ハンセンに連敗して優勝戦線から脱落。最後は三沢、川田、小橋の巴戦による優勝決定戦になり、川田が優勝した。

2連覇がかかった大会だから開幕戦の入場式でトロフィーを返した時から心臓がバクバクいって緊張していた。試合も緊張で息切れしたけど、エースを仕留めることができて気持ちが晴れたよ。それ以降は何も考えずに試合に臨んだのがよかったのかもね。

でも、三沢にやられたのは痛かったな。最後、ローリング・エルボーでぶっ倒されちゃったけど、あいつの右腕からのエルボーは痛ぇんだよ。長年に渡って、何発も食っていたから左顎が変形したんだぞ。

7連勝していたのに最後は川田、ハンセンに連敗して脱落……前の年は5戦目まで白星がなくて、そこから7連勝して優勝したけど、逆になっちゃった(苦笑)。

確か最後のハンセン戦で時間切れ引き分けに持ち込めれば、俺もハンセンも三沢、川田、小橋と並んで5人の優勝決定戦になっていたはずだよ。でも、引き分けで残ったってしょうがねぇもんな。まあ、いい勉強になった大会だった。

カーニバルは2連覇できなかったけど、暮れの最強タッグは2連覇できてよかったよ。

当時、どこまでが限界なんて考えてなかった

97年の田上の大勝負は7月25日に三沢に挑戦した三冠戦だ。頭をスポーツ刈りにして馬場に挑戦を直訴。「自分から挑戦させてくれなんて言うのはこれが最初で最後だろうし、負けたら、自分から三冠なんて言葉はもう口にしない」と、退路を断って挑んだ。

「横綱に勝つには最初からガンガン行くしかない」と、いきなり高角度喉輪落としを決めて猛ラッシュしたが、断崖喉輪落としを1回転して着地されたことでペースを乱され、最後は宙で両手のフックを外す投げっ放しタイガー・ドライバーから、ジャーマンに沈んだ。

当時の三沢は満身創痍で限界ギリギリの状態。前月6・6日本武道館での川田との防衛戦も試合後には精魂尽き果てて3本のベルト、勝利者トロフィーも受け取れないほどだった。田上が「最後の挑戦」としたのは、四天王時代の終焉が近づいていることを肌で感じていたからかもしれない。実際に三沢と田上の三冠戦はこれが最後になった。

俺が何で「最後の挑戦！」みたいなことを言ったのか、正直、憶えてないんだけど……三沢は怪我が多かったよね。それはスタイル的な問題もあるんじゃないかな。俺だって結構ガタがきていたけど、36歳だったからまだ大丈夫だったよ。ああ、三沢のほうが俺より1歳若いのか。

あの試合、いきなり高角度喉輪落としを決めてやろうと思っていて、ロックアップで俺の首に掛けようとしてきた三沢の左手を右手で払って、左手であいつの喉を掴んで仕掛けたんだよ。普段とは逆の手でやったわけ。左右両方の手でいけるのが俺の強みだね。

断崖喉輪をクルッと回られたのはビックリした。ああいうところが苦手なんだよ(苦笑)。

当時のプロレス……四天王プロレスは過酷だった。何であんなことをやっていたのかなと思う(苦笑)。技を食らって脳天から突っ込むなんてことはしょっちゅうだったし、俺は体重があるから、致命傷にならないように力をどう逃がすか……。あとは首を鍛えるしかなかったよ。四天王の他の連中がやっていた技を思うと、俺の断崖喉輪なんて可愛いもんだろ(笑)。

あの当時、どこまでが限界なんて考えてなかった。「こいつだけには負けたらいかん!」っていう気持ちだけ。だから「これ以上は限界」っていうのがなかったよ。

よく、当時のプロレスを「こいつだったら、大丈夫だろう」っていう信頼関係って表現する選手もいたけど、俺はそういうのは考えてなかったね。

やられるからやる……俺はもう「こいつらに負けてなるものか」「こいつらに遅れを取ったらいかん」っていう気持ちだけ。とてもじゃないけど、仲良しこよしじゃできなかった。みんなが勝ちにいってたから、自然とあそこまでエスカレートしていっちゃったよね。

あとは師匠の馬場さんに「場外でドローになるような試合はするなよ」「ワンツースリーの完全決着の試合に持っていくようにしろ」って言われていたから、なるべくそうなるようにしていた。それは俺だけじゃなくて、三沢や川田、小橋にも馬場さんは個別に言っていたと思うから、それぞれが対戦相手、お客さんだけじゃなくて、ある意味では馬場さんとも

「あの当時、どこまでが限界なんて考えてなかった」

戦っていたんじゃないかな。

幻に終わった北尾光司戦

97年暮れの最強タッグはゴディ&ウイリアムス（90&91年の2連覇）、三沢&小橋（93～95年の3連覇）に続いて史上3チーム目の連覇を成し遂げたが、98年春の『チャンピオン・カーニバル』は不運な結果となった。

3・22後楽園ホールの初戦で三沢に怪物ジャーマンからダイナミックキックをぶち込んで白星スタートを切り、キマラに勝って連勝。ウイリアムスに足止めを食ったが、3月28日の福井市体育館でウルフ・ホークフィールドに勝利した。

ここから仕切り直したいところだったが、この試合中に左膝内側靭帯及び左甲関節損傷のアクシデント。小橋、秋山、大森、オブライトに不戦敗となってしまったのだ。

それでも2週間後の4・11後楽園ホールにおける泉田純との公式戦で復帰して高角度喉輪落としで勝利。その後の川田、ハンセン、エース戦で全敗を喫しても、身体が動くようになったら試合に出るというプロとしての矜持を貫いた。

相撲時代も休んだのは前相撲だけだしね。92年のカーニバルも終盤で足を負傷して休んだことがあったけど、試合できねぇ状態なら仕方ないにしても、ある程度でも動けるなら試合をするのがプロ。

あの時は、休んでいると自分に腹が立ってしょうがなくて、気を紛らわすためにテレビで野球ばっかり観てたんだよ。でも、それで気持ちが収まるわけでもねぇし、プロのレスラーがリングで試合できなきゃ何にもなんねぇと思った。

でも川田との公式戦（4・12宮城県スポーツセンター）で、膝の負傷で欠場していた俺に対して、あいつ足4の字固めをかけてきやがってさ、「このクソ野郎！」と思ったよ。「こいつ、何ていうパートナーなんだ⁉　信じられねぇ！」って(苦笑)。

全日本はカーニバル終了直後の98年5月1日、東京ドームに初進出した。田上は大森、小川とトリオを結成してFMWで大仁田厚が結成したZENというユニットのグラジエーター、黒田哲広、保坂秀樹と対戦したが（大森がダイビング・ニードロップで保坂をフォール）、当初予定されていたのは第60代横綱の双羽黒こと北尾光司との一騎打ちだった。

北尾は田上に遅れること2年、90年2月10日の新日本・東京ドームでクラッシャー・バンバン・ビガロ相手にプロレス・デビュー。98年時点では武輝道場の代表として天龍の団体W

ARを主戦場にしていた。

カード編成の都合で北尾の参戦は流れてしまったが、実現していれば同世代の大相撲対決として大きな話題になっていたはずだ。


相撲では北尾が先輩だね。俺より1年早いんじゃないかな? 歳は2個下だから川田と一緒なんだよ。彼は立浪部屋で一門が違うから一緒に稽古もしたことがないし、会えば挨拶する程度で、そんなに喋った記憶もないな。

本割でも寺尾とか北勝海とはやったけど、北尾とはやったことがない。寺尾や北勝海がちょっと強かったけど、同じ時期にみんな幕下にいたんだよ。俺、寺尾にも北勝海にも勝ったことがあるんだぞ。

でも、あいつらは俺が幕下で足踏みしている時にボーンと上にいったんだ。俺が廃業する時、北尾は横綱、北勝海は大関だったもんな。

北尾のプロレス・デビューは笑ったな。ハルク・ホーガンみたいに黄色いTシャツをバリバリって破いてさ。勘弁してくれよと思ったよ(笑)。あの日の東京ドームは鶴田さん、天龍さんとか全日本の選手も出たから、東京ドームで俺も観ていたんだよ。

相撲では横綱と十両だったけど、北尾とはプロレスのリングで一度はやってみてもよかったかな。あのデカい体で殴られたり、蹴られたりするのは嫌だけどね（苦笑）。

G馬場の急逝、J鶴田の引退

この東京ドーム後、全日本は大きく変わる。東京ドームで川田に敗れて三冠王座から陥落した満身創痍の三沢は、馬場の勧告で8月の『サマー・アクション・シリーズ』まで欠場。そして復帰するや、馬場から譲渡される形で現場の全権を掌握するようになり、リング上の改革を進めると同時に会社の体質の改善にも力を注いだ。

「自分で考えて自己主張すること。ただし、自分の言動と行動には責任を持つように」という三沢の選手に対する意識革命は三沢革命とも呼ばれ、選手たちはそれぞれに自己主張。小橋と秋山はバーニングを結成、三沢は小川を新たなパートナーに指名してアンタッチャブルを結成するなど、勢力図が変わっていった。

そんな矢先、悲劇が全日本を襲う。明けた99年1月31日、総帥・馬場が転移性の肝がんによる肝不全で急逝したのだ。

前年暮れの最強タッグ終盤から体調不良を訴えていた馬場だが、98年最終戦の12・5日本武道館には元気に出場（木村&百田と組んで渕&菊地&永源に勝利）。年末にはカナダにＷＷ

Eの視察に行く予定だったが、直前でドクターストップがかかって入院。日本武道館の試合からわずか57日後の訃報だった。

今振り返ると、本当にめまぐるしかったね。三沢が現場のリーダーになったのは……三沢は若い人間を引っ張り上げようとしていたと思うんだよね。俺なんかは古株とばっかりいたからさ、よくわからなかったけど。

馬場さんの病気に関しては、俺は全然わからなかったなあ。シリーズ中の移動も馬場さんは三沢たちのバスだったし、俺が一緒にいるのは控室だけだったから。

10月には一緒にゴルフにも行っているんだよ。馬場さんにハンデをあげたら負けちゃった。結果的には永遠に勝ち逃げされちゃったわけだよね。

亡くなったのは電話で知らされたと思う。その前に腸閉塞の手術をしたっていう発表があったでしょ？（1月8日）だから、術後すぐに元気になると思っていたから、お棺に入った馬場さんと対面した時には呆気にとられちゃってね。何も考えられなかった。

仲人もやってもらったし、息子・豊の名前も付けてもらったし、何か父親みたいな感じだったよ、馬場さんは……。

何か言葉にすると安っぽくなっちゃうし、難しいね。あんなに大きかった馬場さんが、あ

1999年1月31日、総帥・馬場が急逝。自宅からの出棺を見送る全日本プロレスの面々。

んな小さな箱に入っちゃって……悲しかったね。

馬場さんが亡くなってから初めての日本武道館（3月6日）ではベイダーと三冠王座決定戦をやった。その前の大阪で川田が三沢から獲ったんだけど、右腕尺骨骨折の重傷を負って返上しちゃったから。

馬場さんの弔い合戦でチャンピオンになりたかったけど、ベイダーはどうにもなんないよ。タイプとしては我がまま。ちゃんとした攻防戦にならない。コントロールできないよ。もう大変だった。俺よりデカいのはそんなにいないから普段とは勝手が違うし、力は強いし。そのくせ、結構動きがいいんだよ。最後はハイアングルのパワーボムで叩きつけられちゃったな。

あと、汗臭いんだよ、あいつ。コスチューム全然洗わねぇんじゃねぇの？　あれも作戦のひとつかと思ったよ（苦笑）。

あの日本武道館では鶴田さんの引退セレモニーもあった。その前……馬場さんが亡くなってみんなが集まった時、鶴田さんが居眠りしているような感じになっちゃって、元子さんに叱られていたけど、やっぱり疲れちゃっていたんだろうな。肝臓が悪いと疲れるらしいからね。

鶴田さんの思い出といえば……滅多に奢らない鶴田さんがラーメンを奢ってくれた出来事

かな(笑)。だって井上雅央が鶴田さんの付け人だった時、鶴田さんとラーメン食っていて、俺も同じ店でラーメンを食っていたんだけど、鶴田さんは自分の分だけ払って先に帰っちゃったことがあるんだから。普通は付け人と一緒に飯を食ったら払ってやるよな(笑)。で、雅央が自分で払おうとしたから「いい、いい。俺が払ってやるよ」って。何で俺が鶴田さんの付け人にご馳走するんだよって話だよね。あれは笑ったよな。

そんな鶴田さんにラーメンを奢ってもらったからよく憶えているよ。案の定、帰りに土砂降りになって(苦笑)。馬場さんなんかと富士の方にゴルフに行った帰りだったと思うよ。

まあ、そんな話はともかく、鶴田さんにはお世話になった。試合の組み立ても、間合いも、やるべきこと……プロレスの総合的な部分をいろいろ教えてもらった。俺、鶴田さんに叱られたことは一度もなかったから「これからも鶴田さんに叱られないような試合をしなきゃいかん！」って思ったよ。

馬場急逝から4ヵ月後の5月2日、全日本は東京ドームで『ジャイアント馬場引退記念興行』を開催。そして同月7日にはキャピトル東急ホテルで新体制発表記者会見。三沢が代表取締役社長に就任して取締役副社長に川田、百田光雄、専務取締役に大八木賢一が就き、取締役に名前を連ねたのは馬場元子、渕、田上、小橋、百田義浩、馬場幸子。監査役には元営業部長の大峡正男が就任。田上は選手会長にも就任した。

5月2日の馬場さんの引退興行ではハンセン&ウイリアムスとトリオを組んだ。何でこの組み合わせになったのかは知らんけど、元三冠王者トリオということらしい(笑)。相手はオブライト&高山&大森だったな。

ドームというデッカイ会場だし、馬場さんの追悼ということで、俺からしたらあんまりカッコイイ技じゃないから、そんなに使ってなかったんだけど、馬場さんから教わったヤシの実割りをやったら、お客さんにウケたね。やっぱりみんな、馬場さんを求めているんだなと実感した。あれはやってよかった。

会社の新人事は、大株主……オーナー(馬場元子)がパッと決めたんだろうけど、俺の役職はわけがわかんなかったな。

取締役と選手会長の兼任ということは、経営者サイドでありながら労働組合の会長ってことだからね。俺としては選手の結束を固めて、一致団結して三沢新社長に付いていこうっていう心意気だったよ。

東京ドームで行われた「ジャイアント馬場引退記念興行」で、師匠譲りのヤシの実割りを豪快に決めた。

馬場に代わってハンセンとタッグ結成

99年のラストを飾る最強タッグ、田上のパートナーは川田ではなくハンセンになった。川田は両眼ブローアウト骨折による眼球運動障害で長期欠場を余儀なくされ、『ジャイアント・シリーズ』中の10・24鹿嶋市立体育館、10・27福島市国体記念体育館で田上とハンセンがテストとしてタッグを結成。鹿嶋では三沢&小川、福島ではオブライト&キマラを撃破したことで最強タッグにエントリーされたのだ。

コミュニケーションが不安視された田上&ハンセン組だが、三沢&小川に敗れ、エース&マイク・バートンと時間切れ引き分けになった以外は小橋&秋山、大森&高山、ベイダー&ジョニー・スミス、オブライト&ホークフィールド、多聞&雅央に勝ってリーグ戦を首位で通過した。

またファンは田上&ハンセンに馬場&ハンセンの巨艦砲の面影を見ていたのか、大会の一番人気。全国各地で大声援に包まれた。

12月3日、日本武道館における優勝決定戦の相手は前年度優勝チームで、公式戦では勝っているリーグ戦2位の小橋&秋山。

この大一番に田上は元子夫人から贈られたガウンを着て出陣。その背中には馬場がハワイのラビットアイランドに沈む夕日を描いた油絵がプリントされていた。

実は馬場が仕上げる前に亡くなってしまったため、未完成の絵だったが、元子夫人はこの絵を気に入っていて、4月17日に日本武道館で催した『ジャイアント馬場お別れ会』でもポストカードにして参会者全員に贈呈している。

思い出の絵を背負った田上と馬場の盟友のハンセン……この日も大観衆は田上&ハンセンを後押し。カットに入る小橋にブーイングが飛ぶほどだったが、ハンセンが小橋のラリアットで大の字になっている間に秋山がリストクラッチ式エクスプロイダーで田上をKOして小橋&秋山が2連覇を達成した。

それでも田上&ハンセンに拍手が贈られ、田上を抱き寄せるハンセンに大ハンセン・コールが起こった。


詳しい経緯は忘れちゃったけど、表向きの流れはともかく、何も聞いてなくて「ハンセンと組め」って急に言われて。誰に言われたのかな？　三沢かな？　忘れちゃったなあ。「組め」って言われたら「しょうがねぇ、組むしかねぇな」って。

パートナーとしてのスタンは、グチャグチャおじさん(苦笑)。どうにもならん。

入場する時にブルロープで引っ叩《ぱた》かれたりするしさ。ブルロープを振り回すから、俺の顔にバーンと当たるんだよ。いかに被害に遭わないか、いつも警戒していた（苦笑）。コミュニケーション？　俺が相手をスタンに向かって振れば「ラリアットをやればいいんだな」ってわかるじゃん。「そのあとのことは自分で考えろ」っていう感じ（笑）。お互い好き勝手にやる気ままなチームだった。

でも年取ってきたから、俺がグリーンだった時代に比べたら丸くなったのか、俺の呼びかけにも応えてくれるようになっていたし、組んでみたら、意外にいい人だった。

去年の9月にトークイベントで久々に会ったら、スゲーいいお爺ちゃんになっていたよ。イベントの後、カブキさんの店で飲んだけど「この人、本当にスタン・ハンセンなの？」って（笑）。昔はいつもピリピリしていて、気難しい感じだったけどね。今は本当に好々爺《こうこうや》って感じだよ。

スタンとの会話？　タッグを組んでいる時にブルロープで引っ叩かれたことを喋ったら日本語で「ゴメンナサイ」って言ってた（笑）。最後は「スタン、また会おうな。生きていたらね」って言っておいたよ（笑）。

最強タッグでは俺とスタンのコンビが各地で大人気だったって？　お客さんにとっては馬場＆ハンセン組の代わりだったのかもしれないけど「何で俺が馬場さんなの？　勘弁してく

99年の最強タッグでは、ハンセンをパートナーに出場。会場人気をさらった。

2022年9月、トークイベントでハンセンと。旧交を温めた。

れよ」って感じだったね(苦笑)。

優勝決定戦のガウンは元子さんの希望。元子さんが「タマ君、これ着てちょうだい」って、作ってきてくれたの。

あの試合では俺とスタンがベビーフェースだったもんねぇ。あの小橋にブーイングだったから、ハンセンはベビーフェースを楽しんでいたんじゃない？

でも最後、ノーサイドの記念撮影の時に表彰盾で小橋の頭をガーンと殴ったのは笑ったな。きっとハンセンはどうしても優勝したかったんだろうね。翌年、俺たちがノアに行った後に引退しているから、あれがハンセンにとって最後の最強タッグだったんだよね。

三沢が独立!?

2000年1月31日、後楽園ホールで午後3時から親族、友人、関係者、全日本の選手だけを集めた『ジャイアント馬場一周忌献花の儀』が行われ、午後6時半からは同所で『ジャイアント馬場一周忌追悼興行』が開催された。

メインでは田上がハンセン&大森と組み、一夜限りの復活となった三沢&小橋&秋山の超世代軍と対戦。試合は大森が小橋の剛腕ラリアットに沈められてしまったが、田上はヤシの実割り、河津落とし、ランニング・ネックブリーカードロップの馬場殺法を連続で繰り出してファンを喜ばせた。

そして……この一周忌を区切りに全日本に暗雲が漂い始める。かねてから三沢社長と全日本のオーナーの元子夫人の確執がマスコミの間で噂になっていたが、この頃になると「三沢が爆発して、独立してしまうのではないか?」と囁かれるようになった。

俺はあんまり三沢と一緒に行動していなかったからよくわからないけど、愚痴るような男じゃない三沢がいろいろとこぼしていたみたいだね。

役員会だって実際には平の役員の元子さんのほうが偉いんだもん、大株主だから。社長の三沢より全然権限があるから、三沢が何か提案しても却下されちゃう。ほとんど元子さんが仕切っていたから、三沢はどうにもならなかった。

一周忌の献花の行事があったでしょ? あの時に元子さんに弔辞を読んでくれっていきなり振られて三沢が怒っていたのを憶えてるよ。三沢は無茶ぶりされても、ちゃんと参会者に謝辞を述べていたけど、あれは俺もちょっとひどいなって思ったよ。

川田にも「契約するな」って言ったよ

表面上は何事もなくシリーズが進行していたが、実は選手たちは新年度の契約を更新しないまま試合に出場していた。

全日本では所属選手の契約更改は毎年3月に行われる。三沢以下の選手たちは会社に契約の見直しを要求していたが、回答がないためにサインを保留していたのだ。

三沢は腹心の仲田龍リングアナウンサーとともに全日本を辞めて独立を計画。だが、代表取締役のままでは辞めることができないため、『スーパー・パワー・シリーズ』中盤戦の5月28日の後楽園ホールの試合前に行われた臨時役員会で社長を解任された。

三沢を解任する動議を提出したのは百田義浩で、過半数の賛成で可決。一取締役になった三沢は6月9日の日本武道館における『スーパー・パワー・シリーズ』最終戦をもって全日本を退団することを決めたのである。

6・9日本武道館では世界タッグ王座決定ワンナイト・トーナメントが行われ、田上は川田との聖鬼軍でエントリー。1回戦のエース＆バートン戦でダブル・インパクトを食らった田上は、受け身が取り切れずにキャンバスに叩きつけられて左肩亜脱臼と右手首骨折の重傷を負ったが、テーピングを施して試合を続行、川田がエースをジャンピング・ハイキックで捕らえて決勝に進出した。

決勝戦の相手は大森&高山のノーフィアー。負傷している左肩に集中攻撃を浴びた田上だが、あえて猛攻に身をさらすことで川田にスタミナを温存させ、最後は川田が胴締めスリーパーで大森を落として、片エビ固めでフォール。川田&田上は鶴田&谷津の五輪コンビの記録を抜く世界タッグ6度戴冠を達成した。

だが、これが川田&田上の聖鬼軍にとって最後の世界タッグ戦になった。

4日後の13日に行われた定例役員会で三沢が取締役職を辞職、これに追従して田上、百田義浩&光雄、大八木の5人が取締役を辞職。そして三沢に賛同する選手と社員が全日本に退団届けを郵送。全日本に残った選手は川田と渕の2人だけだった——。

全選手の契約は3月末までだったから『チャンピオン・カーニバル』の途中で切れていたけど、みんな新しい契約をしないままシリーズに出ていた。

契約の見直しをオーナー側に申し入れていたのに回答がないから、俺は選手会長として、みんなに電話して「契約書にサインしないでよ」と。川田にも「サインするなよ」って。

俺が三沢に共鳴したのは、元子さんの三沢に対する接し方を見ていて、あまりにも三沢が気の毒だったし、このまま全日本の社長にしておいたら可哀想だっていう想いがあった。で、三沢と仲田龍が新しい団体の下地をある程度作るって言うから、俺らは弁護士事務所でどうしたらいいのか手ほどきを受けたんだよ。

5月28日に後楽園大会の前に臨時役員会があって、百田義浩さんが三沢社長解任の動議を出して、俺らが賛成したの。社長は自分で辞められないから、俺らが解任してあげないといけないということでね。

それに賛成したのは俺、百田（光雄）さん、よっちゃん（百田義浩）、小橋、大八木さん、もちろん三沢、賛成しなかったのは元子さん、幸ちゃん（馬場幸子）、川田、渕さん、大峡さんの6対5で過半数ということで可決されたんだ。

その後もシリーズは続いたけど、別に川田、渕さんとは何も問題はなかったよ。これまでと変わらずに普通。そこはお互いにプロだからね。仕事は仕事だから。

最後の日本武道館だって、これで全日本を去るとわかっていても、川田と世界タッグを獲るために一生懸命やったよ。ひでぇ怪我させられてもテーピングして頑張ったもんな。やっぱり会場に来ているお客さんには応えなきゃいけないからね。

シリーズが終わって、オーナーは改めて所属選手の契約更改を求めてきたんだよ。で、川田は俺にとってパートナーだしさ「サインしたのか？」って電話して聞いたら「サインした」って言うんだよな。「えっ？」って。「何でだよ？」って聞いたんだけど「いや、したから」って、言葉を濁されて。

渕さんには何も言ってなかった。渕さんは元子さん派だったからね。

全日本を辞めるのは、やっぱり寂しさがあったよ。全日本に育ててもらったし「ありがとうございました」っていう感謝の気持ちと、馬場さんに対しては「すみませんでした」だよね。師匠の馬場さんに恩はあったけど、オーナーの元子さんはまた別だから……。

馬場さんに対しては、すまないという気持ちがあったけど、俺には俺の人生があるし、いつまでも馬場さんにおんぶにだっこじゃおかしいからさ。

ずっと一緒に組んできた川田に対しては、別々の道を行くことになっちゃったけど「全日本で頑張ってほしい！」っていう気持ちだったよ。

第六章 ノア時代

新団体ノアに移籍。のちに社長に就任。

新たなる舞台〝プロレスリング・ノア〟

2000年6月16日、全日本プロレスを退団した三沢、田上、小橋、小川良成、秋山、大森、高山、木村、永源、百田光雄、菊地、多聞、雅央、浅子覚、泉田、垣原、志賀賢太郎、金丸義信、森嶋猛、橋誠、丸藤正道、力皇猛、小林健太（現KENTA）、池田大輔、レフェリーのマイティ井上、練習生の杉浦貴の26人が東京・ディファ有明で新団体発足記者会見を行った。

7月7日にディファ有明内で事務所開き。10日に事務所で記者会見を開いて新団体名プロレスリング・ノアを発表、さらに代表取締役社長＝三沢、取締役副社長＝百田光雄、取締役＝田上、小橋、百田義浩、取締役営業部長＝永源、取締役渉外部長＝仲田龍、監査役＝樋口寛治（ジョー樋口）という人事が発表された。

なお、全日本は退団した選手たちに、それ以前に決定していた7月シリーズの売り興行4大会への出場を要請。ノアは「興行主の方に迷惑をかけられないので」と参戦を決めた。

田上も7・13アイテムえひめ（田上＆志賀vs秋山＆金丸）、7・15七尾市総合体育館（田上＆雅央vs大森＆高山）、7・17富山産業展示館テクノホール（田上＆志賀＆雅央vs三沢＆小川

2000年6月16日、全日本を退団した26人がディファ有明で新団体発足を発表。

&丸藤)、7・20博多スターレーン(田上&雅央vs三沢&小川)に参戦して全日本にけじめをつけた。

そして8月5&6日のディファ有明2連戦でノア旗揚げ。初日の5日大会は三沢、田上、小橋、秋山4選手がそれぞれにリングインし、リングアナのコールによって三沢&田上vs小橋&秋山の60分3本勝負が発表された。

ここで主役に躍り出たのが秋山だ。1本目、初公開のフロント・ネックロックで三沢をわずか2分ジャストで絞め落とし、2本目は急角度のエクスプロイダーで田上をフォール。ひとりで2本取ってストレート勝ちした。翌6日、秋山は一騎打ちで小橋をもフロント・ネックロックで締め落とし、2日間でトップ3人を撃破してノアの方舟の舵を握ったのである。

旗揚げ戦で秋山にフォールを許した田上は、6日大会では泉田と相撲コンビを組んで大森&高山のノーフィアーと対戦。大森をかんぬきスープレックスから右腕を極めての喉輪落としで痛めつけ、これを受けた泉田が腕固めを極めて勝利した。

ノアの設立に参加した時、俺は39歳。「よしやってやろうか!」っていうのと「大丈夫かな?」っていうのが半々。とにかく「俺は俺でプロレスを頑張ろう!」という気持ちだけだった。

退団したあとに全日本に4試合出たけど、まあ、決まっていた売り興行ということで、けじめだよね。だから全日本にいた時のスタイルのままでやることを意識した。同じ会場にいただけで川田とは顔も合わせなかったな。

ノアの旗揚げ戦はスモークを使ったり、コーナーポストから火柱が上がったり、ド派手な演出だったよね(笑)。

全日本の四天王プロレスはリング上の戦いがすべてだったけど、もっと入退場とか演出面にも力を入れたら、よりお客さんが喜んでくれたんじゃないかって思っていたから、あれは理想の形だった。先頭に立っていた三沢、龍も同じことを考えていて、それがノアでいい形になったと思うよ。

当時、俺はハーレーダビッドソンに乗っていたから、リングサイドまでハーレーで乗りつける入場をやってやろうかとも考えたけど、乗りつけたって、持って帰れる奴がいないからやめた。入場テーマ曲は『仁義なき戦い』に変えたけどね(笑)。

旗揚げから頭ひとつ飛び出したのが秋山か……。振り返れば、俺らは四天王プロレスで限界だったのかな。あれ以上のことはできなかったと思う。

俺はあんまり飛んだり跳ねたりしてないから、膝にはそんなにダメージがきてないけど、三沢も小橋も膝がいっちゃっていたでしょ？　俺は思ったよりイカレていない……とは言っても、やっぱり首がきつかった。この身体のサイズだから背中から落とされてもきついのに、いつも首から落とされてたもんねぇ（苦笑）。

巻き返しを図って新技「俺が田上」を開発

ノアになってからの田上は、なかなか結果を出せなかった。旗揚げした00年の最後のビッグマッチの12・23有明コロシアムでは「四天王時代の終焉」を掲げた高山との一騎打ちでフロント・ハイキックを食らって敗退。「田上先輩、お疲れさまでした。来世紀（01年）から俺らが頑張りますから、ゆっくり遊んでろよ」と言われてしまった。

年明け2月25日の神戸ワールド記念ホールのビッグマッチにおける秋山との一騎打ちではエクスプロイダーに敗れて「おっさんだ、おっさんだ言ったって、まだできない年じゃないと思う。次やったら、もっと爆発してください」とエールを送られた。

さらに体調を整えて臨んだ『GHCヘビー級王座決定トーナメント』も3・25京都市体育館におけるベイダーとの1回戦でリバース・スプラッシュに敗退。

「もはや田上火山は噴火することはないのか？」とも言われたが、三沢が4月15日の有明コロシアムにおけるトーナメント決勝で高山を撃破して初代王者になると、初防衛戦の挑戦者に名乗りを上げたのが田上だった。

タイトル挑戦を前に田上は新必殺技の「俺が田上」を開発。5月18日の北海道道立総合体育センターで三沢に挑んだ田上は、怪物ジャーマン、花道から本部席への喉輪落とし、かんぬきスープレックス、掟破りのフェースロック、ダイナミック・ボム……と、大噴火したが、ランニング・エルボーからのエメラルド・フロウジョンを食らって立つことができなかった。


ノア旗揚げから結果を出してなくて、ちょっと忘れられていたから「そろそろあとがないな」ってケツに火がついたよ。ノアに来た以上は、過去のことはどうでもよくて、未来に向かって生きなきゃいけないからね。

「俺が田上」は何で考えたんだろう……「バックドロップから喉輪に持っていけるぞ」って、考えてみて、実際にやってみたらできたんだ。

技名は最初、三沢のエメラルド・フロウジョンに対抗して「エメラルド・フロート」にしたら、三沢が文句つけてきたからエメラルドじゃなくて「ルビー・フロート」に変更したんだけど、三沢が「いや、あれは秩父セメントだろ」と言い出して。

秩父セメントは3年後に開発する技に付けて……秩父セメントからコンクリ固めっていう名称も生まれたけど、タイトルマッチ前日に「俺が田上」にしたの(笑)。

グーンと相手を上げて、止まった瞬間に体を開いてやらなきゃいけないから、結構タイミングが難しかったな。あの技は相手がヘッドロックを掛けているような形から持ち上げるから、喉輪をやる手は必然的に左手になるんだよ。

左右両方やれるけど、基本的に喉輪系は右手、タックルの要領で仕掛けるラリアットとアームボンバー、そして「俺が田上」は左手。こう説明すると、何だか凄い技を使い分けているみたいだろ(笑)。

久々に三沢とシングルでやったけど、まあタフだ。しぶとい。ヒルみたいにしぶとい奴だったよ。途中、攻めくたびれたら、ガンガン来られちゃった。

その1年後ぐらいに、今度は小川良成のGHCに挑戦したんだよなあ（02年5・26札幌メディアパーク・スピカ)。

小川とは、全日本時代は同じ鶴田軍、聖鬼軍だったから味方のほうが長かった。それに階級が違ったから「何でこいつヘビーに上がってきたんだ?」って(笑)。

前哨戦では胴締めスリーパーで締め落として（5・9後楽園ホール)、チャンピオンベルトを没収しちゃったり、俺なりに心理戦を仕掛けたんだけどね。

あいつ、三沢と感じが似ているんだよな。タイプ的にあんまり好きじゃねぇんだよ。ちょこまかしていて、かわしたり、回り込んできたりさ。

大技でガンガンぶつかり合える相手じゃねぇんだよな。結局、本番のタイトルマッチでは首固めで丸め込まれちゃったよ。

蝶野はやりやすい相手だったよ

03年の田上は新日本プロレスの選手との対戦が待っていた。まず1月10日、日本武道館で小橋と組んで三沢&蝶野正洋と対戦。蝶野のヤクザキックに対抗して自ら命名エンジェルキック（フロント・ハイキック）を繰り出し、蝶野の猪木を思わせるコブラツイストを切り返して、馬場のジャイアント・コブラを彷彿とさせるコブラツイスト。

小橋との連係も蝶野へのダブル・タックル、小橋のパワーボムに合わせての喉輪落としが炸裂し、最後は小橋がリアルブレーンバスターで三沢を押さえた。

さらに6月6日の日本武道館では永田裕志と一騎打ち。いきなり「俺が田上」を炸裂させて、その後も場外での高角度喉輪落とし、大車輪喉輪落としと大噴火した。雪崩式エクスプロイダー、バックドロップ・ホールドをカウント2でクリアしたものの、永田の奥の手ナガタ・ロックⅢに無念のギブアップ負けを喫した。

蝶野とタッグで戦った試合は、小橋が俺をパートナーに指名したんだよ。全日本時代に2人で組んで三沢&ハンセン組とやったこともあったけど、小橋は器用だし、ずっと敵だったことで、何かを仕掛けようとするタイミングもわかるから、意外につなぎがスムーズにいったと思うよ。

初めて闘魂三銃士のひとりの蝶野とやることに関しては……いろいろ比較されていただろうけど、俺は他団体の選手をそんな意識したことがなかったよ。もちろん、新日本のトップ選手だから気を引き締めてリングに上がったけどね。

ヤクザキックに対抗してエンジェルキック? 相手がヤクザなら、こっちはエンジェル……天使のキックでいこうと思ったの(笑)。あと、蝶野は首が悪いって聞いていたし、そんなに体重も重くないから、喉輪で首を壊してやろうと思ったんだけど、これはチャンスがなかったね。

当時、蝶野は新日本の現場責任者だったよね? 「俺が首を壊して、蝶野には新日本のフロントに本格的に入ってもらおうか。担架送りじゃなくて、オフィス送りだ!」なんてコメントした記憶もあるよ(笑)。

実際にやってみたら蝶野はやりやすい相手だった。受けが巧いとは思わないけど、プロレスが上手な感じだよね。新日本のスタイルっていうのはよく知らないけど、蝶野は全日本の

ノアは積極的に他団体と交流。新日本プロレスの蝶野と対決（1993年1月10日・日本武道館）。

スタイルに近かったんじゃないかな。

アピールする時はガーッといくけど、間合いの取り方、緩急の付け方、レスリングのやり方は、全日本とそんなに変わらない気がした。

永田も受けがちゃんとしていたし、全日本に近いものがあったかな。最後、何か絞められちゃったんだよ（ナガタ・ロックⅢ）。あれ、効いたな。

総合格闘技には興味が湧かなかった

ノアではシリーズが終わるごとに役員会はやっていたけど、マッチメークのことは全然わからない。俺はそっちのほうにはタッチしていなかったから。

あの頃、新日本とよく絡んでいたのは、世間の格闘技ブームもあったと思うよ。四天王時代からノアの旗揚げから数年、世の中は格闘技ブームだったよね。

全日本もノアも、ブレることなくプロレスをやっていたけど、新日本は猪木さんの影響でPRIDEやK―1に振り回されていたでしょ。当時の新日本の現場責任者の蝶野は純プロレス志向だったから、三沢と蝶野でスクラムを組んだんだと思うよ。

俺自身は、総合格闘技は総合格闘技、プロレスはプロレスって割り切っていた。正直に言うと眼中にないというか、総合格闘技はあんまり観ていなかった。俺はプロレスで生きているわけだから、興味がなかった。違う世界だし、ライバル視していなかったよ。

総合格闘技は勝てばいいだけだろうけど、プロレスは勝つだけじゃなくて、観ているお客さんをいかに満足させるかも重要だからね。それには相手の持ち味だって出させなきゃいけないだろうし、試合中にアクシデントがあったとしても、ワンツースリーかギブアップまでやり遂げなきゃいけないんだから。

総合格闘技はルールによって選手が守られているだろ。でもプロレスはルールが曖昧だから基本的にレフェリーストップやドクターストップがない。だから俺もそうだし、三沢、小橋、川田も試合の途中で怪我をしても戦い続けたもんね。それはノアになってからも変わらなかった。

プロレスは見せるものだからね。もし血が出ても拭かないよ。血が出たら、出たのを見せる。プロレスと総合格闘技は根本的に全然違うものなんだよ。

だから比較するものではないと俺は思っているけど、北尾とか曙とか、横綱になった人が総合格闘技に出ていたのは、よくないなと思ったな。

でも、それは彼らの生き方だから口出しできない。あれで相撲取りが弱いイメージが付いちゃったけど、俺に言わせれば現役を引退したあとだからね。相撲は若いうちにしかできない短期決戦の格闘技なんだよ。

小橋相手に田上火山、噴火！

ノアになってからの田上火山の噴火は年に1回。04年は夏だった。前年03月3月1日に日本武道館で三沢を破って第6代GHCヘビー級王者になり、9度の防衛を重ねて「絶対王者」と呼ばれるようになった小橋に挑戦したのだ。

「昔、三冠王者だった俺からベルトを奪っていったのが小橋だから、小橋がチャンピオンの時に獲る。小橋にかます新技が2つある」と豪語した田上は、9・10日本武道館での挑戦を前にした8月17日、杉浦を実験台にブレーンバスターの体勢から喉輪で叩きつける新技・秩父セメントを公開。

本番のタイトルマッチでは秩父セメントだけでなく、エプロンから場外への「断崖俺が田上」を初公開。小橋の牙城に迫った。

しかし小橋も秘密兵器を用意していた。田上の股の下から左手首をクラッチして肩に担ぎ上げると、デスバレーボムの要領で首から急降下で叩きつけるリストクラッチ式バーニング・ハンマーだ。身体がグシャッと潰されるようにキャンバスに叩きつけられた田上は跳ね返すことができなかった。

昔、小橋に三冠を獲られた恨みがあったわけじゃないよ。あれはタイトルマッチを盛り上げるためのリップサービス(笑)。ホントに恨みがあるとしたら……毎回、脳天からマットに落とされることだよ。

秩父セメントは、ブレーンバスターをやっている時に「これを喉輪に切り替えてやったら効くんじゃないかな」って閃いたんだ。

もう、じじいだからさ、新しい技を考えないと置いていかれちゃうからね。ポケッとしてないよ、俺も。いくらか考えていたんだよ。

ブレーンバスターの要領で相手を垂直に持ち上げて、そこから右手で喉輪に切り替える急角度の喉輪落としで、「俺が田上」よりタイミングが難しかった。

2月には開発していたんだけど、危険すぎて実戦では使っていなかった。だけど小橋も垂直にバンバン落としてくるだろ。だったら俺もやらないと不公平だと思ってさ。

断崖式でやった「俺が田上」はやり過ぎ？　そんなことはないだろ。それより小橋のフィニッシュのリストクラッチ式のバーニング・ハンマーのほうが反則だろ。あれ、受け身取れねぇじゃん(苦笑)。あれを食った時は、何が何だかわからなかったよ。

ファンの後押しでGHC王座挑戦

05年は田上にとってドラマチックな1年になった。まず、新人時代に散々かわいがられた相撲の先輩でもある天龍がノアに参戦。15年ぶりにリングで再会したのだ。

ノアでの初対決は4・20大阪府立体育会館第2競技場。田上&KENTA vs 天龍&橋のタッグマッチで、久々の田上と天龍の激突が注目されていたが、蓋を開けてみたら主役になったのは若いKENTA。

怖いもの知らずのKENTAが気後れせずに天龍に突っかかっていき、天龍の目もKENTAに。田上と天龍の絡みは田上のランニング・ネックブリーカーに天龍がラリアットで返すという程度の攻防に終わった。

6月4日の札幌メディアパーク・スピカでは三沢&小橋&田上 vs 天龍&秋山&森嶋が実現。かつての全日本ファンにとっては夢のようなカードだが、いかんせん6人タッグということで四天王 vs 天龍のダイジェスト版という感じになってしまった。それでも天龍が延髄斬りを決めれば、田上がダイナミックキックで対抗する場面が生まれた。

9月18日の日本武道館における小橋&田上 vs 天龍&秋山は、抗争を続けていた小橋と天龍の攻防が見どころだったが、主役になったのは田上。序盤から天龍に突っかかってドロップキックをぶち込み、秋山にはチョップの乱れ打ち。いきなりの田上火山大噴火に日本武道館は大・田上コールに包まれた。

最後まで田上のマグマは煮えたぎり、雪崩式喉輪落としで秋山を沈めると、またまた大・田上コールが発生。

この日のメインは力皇に三沢が挑戦したGHC戦で、王座防衛に成功した力皇がリング上の勝利者インタビューで「お客さんの望む相手と防衛戦をやりたい」と語ると、ここでも大・田上コール起こり、観客の後押しという形で11・5日本武道館での田上の4度目のGHCヘビー級王座挑戦が決定した。

そして11月5日、田上は秩父セメントから「俺が田上」を炸裂させ、44歳にして三冠王座以来、9年4ヵ月ぶりにシングルのチャンピオンベルトを腰に巻いた。

正直な話、05年に天龍さんがノアに上がったことはあんまり憶えてないんだよ。若い時にリングで厳しくやられ、リングを降りれば酒を飲まされて潰されて、もうメチャクチャだったから……人間、嫌〜な記憶は脳みそから消えちゃうのかな(苦笑)。

あの年は川田も東京ドームに来て三沢とやったよね（7月18日）。それは憶えている。控室の廊下ですれ違って「どうしてる？」なんて、ちょこっと喋った記憶があるよ。

川田をノアに上げることに関しては特に会議とかっていうものはなかった。俺は聞いていなかったな。でも文句言う奴は誰もいなかった。

過去の経緯はみんな気にしていなかったし、あの試合は三沢の一存だったと思うよ。最終的には三沢が決めることだからね。

試合はランニング・エルボーで三沢が勝ったんだよね？　ちょろっとしか観てねぇけど、スープレックス系じゃなくて打撃、エルボーが多いなあって思ったね。昔に比べると、殴る、蹴るが多い試合だったっていう印象があるよ。

力皇への挑戦は、本当にお客さんの後押しがすべてだったと思う。絶対王者の小橋が力皇にベルトを獲られて、三沢まで負けちゃったから、ファンにとっては俺が四天王の最後の砦みたいに見えたのかもしれない。

チャンピオンの力皇は、相撲で俺より番付が上だからね。幕内の前頭4枚目まで行っているから。曙、若貴兄弟、魁皇と同期なんだよ。あいつのデビュー戦には魁皇（最高位・大関＝現・浅香山親方）が応援に来ていたもんなあ、魁皇もプロレスが好きだったよ。奥さんも元女子プロレスラー（西脇充子）だしね。

力皇はプロレスラーとしては、そんなに器用じゃなかったけど、パワーがあるからね。三

力皇を破り、44 歳にしてGHC王座を戴冠（1995年11月5日・日本武道館）。

沢が小川直也とやる時にパートナーに連れて行ったのもわかるよ（01年4月18日、ZERO—ONEの日本武道館＝三沢&力皇が小川&村上一成に勝利）。

あいつの無双も強烈だったけど、場外マットを剥がしたフロアーの上にパワーボムでガーンと叩きつけられたのが効いたなあ。鼻血まで出てきて。それは憶えているよ。「痛てぇな、この野郎！」って。

勝つには勝ったけど、疲れたもん。40過ぎたら疲れるよ。やっぱり体力的に落ちてくるよね。メインどころに絡むと疲れるから、それは1年に1回ぐらいでと思ったよ（苦笑）。

若い選手を伸ばすために一歩引く……なんてことをしっかりと考えていたわけではなくて、俺は提供される試合をこなせばいいって感じだったな。だから力皇からベルトを獲ったのは……じじいの最後っ屁（笑）。

大森、森嶋、杉浦、平柳…付け人たちの困ったエピソード

「じじいの最後っ屁」と言いながら、44歳のGHC王者として〝中年の星〟になった田上は「俺が田上」「秩父セメント」に続く3つ目の新必殺技を開発した。その名も「つくば薪割り」。12・4横浜武道館で、この技を決めて森嶋猛に快勝。初防衛に成功した。

元付け人の森嶋を相手に初防衛戦。新技・つくば薪割りを炸裂させて防衛に成功。

森嶋との初防衛戦は感慨深いものがあった。付け人だった奴がタイトルマッチの相手に来たんだもん、ビックリしちゃうよ。だから元子さんからもらった馬場さんの絵が描かれたガウンを着て臨んだんだよ。

感慨と同時に「負けたら、困っちゃうな」「負けたら、どうしよう」っていうのもあったけどね。もうタイトルマッチとなったら胸を貸すなんていうのはなくて、一レスラーとして対等だから。

あいつ、波があるよね。強い時は凄く強いんだけど、ダメな時は本当にダメなんだよ。いい時はゴディっぽいよ。あんな体でドロップキックもできるし、トップロープからのミサイルキックもやるし。器用で動けるんだよ。

つくば薪割りは「薪割りをヒントに開発した」って冗談で言ったら、そのまま記事になっちゃって(笑)。本当は相手をロープに押し込んで、その反動で投げる柔道の払巻込と相撲の喉輪の合体技なんだよ。子供の頃にやっていた柔道、そのあとの相撲の技のミックスだから、俺の集大成的な技と言ってもいいかもしれない。

最後はどうにか勝てて……やっぱり思い出の試合だよ、あの森嶋戦は。

森嶋は2代目の付け人で、初代付け人は大森隆男。大森は真面目でちゃんとやってくれたけど、結構抜けていて、たまにポカするんだよ。

試合道具は自分で持ち歩いているから大丈夫なんだけど、バスに俺の服とかの荷物を積むのを忘れたりね。だから巡業に出てから2日ぐらい同じ服で、パンツも同じ。合宿所の鍵を預けてあるおばちゃんに荷物を送ってもらうまで2～3日我慢した。

試合が終わってホテルに戻ってきたら、風呂に入りながらパンツ洗ってさ。普段の洗濯物は大森がやるけど、パンツは1枚しかないから、自分で洗って干しておかないと。乾くまですっぽんぽん(笑)。だから俺、ノーパンで寝てたんだぞ。

で、大森の次の森嶋は、まだ未成年の18、19で俺に付いた。それなのに飯食いに連れて行った時に勝手に酒飲んで酔っ払ってさ。

ホテルのロビーには馬場さんがいてヤバいから「ちゃんと寝ろよ」って、俺が部屋まで送って行ってやったのに、酔っぱらって出てきて徘徊して、案の定、馬場さんに捕まって、「田上さんに飲まされました」って……おいおい(苦笑)。

次の日、俺が馬場さんに怒られて、おまけに馬場さんに飯を奢られて。何で俺が馬場さんに奢らなきゃいけないの？　それも高い飯！

「この野郎！　お前、あいつはいくつだと思ってるんだ⁉」って馬場さんに怒られたけど、相撲部屋だったらよくあったよ。今でこそコンプライアスがどうのこうのとうるさいけど、俺だって10代の頃にガンガン飲まされたよ。

日本酒を二升枡でいかされて、そのままピューって出てきたよ。イッキ飲みできないから鼻で息をして、飲むふりして……ホントにもう嫌な世界だね、そういうのは。

馬場さんが「ジョニ黒をボトルごと力道山にイッキさせられた」って言っていたな。「喉に入っていかないから、こうして回して飲むんだよ」って。「目から火花が出た」ってさ。

自分が力道山にやられて苦しかったから、馬場さんは選手に酒を無理強いすることなかったし、未成年には絶対に飲ませなかった。俺も相撲時代の嫌な思い出があるから、そういうことはやらなかったよ。

森嶋は気が弱かったけど、酒飲むと気が大きくなっちゃってさ。ガーッていう飲み方だからアホになっちゃうんだ。それで電話好きで夜中の2時頃に「田上さん、飲みに行きましょうよ！」って、部屋に電話がかかってくるんだよ。

「馬鹿野郎、もう寝ろ！」って言ってんのに、酔っぱらっているからゲラゲラ笑っていて。付け人が夜中に酔っぱらって親分に電話してくるなんて考えられないことだぞ（苦笑）。それで、次の日になって「すみませんでした……」って謝ってくるんだけど。

あいつはまだ子供だったから、礼儀とかはちゃんとやらせたね。酒癖が悪い以外、付け人の仕事はちゃんとやっていたよ。

ノアになってから付いたのは杉浦。もう、おっさんだったからね。俺に付いている時に田舎に帰ったら、「子供ができちゃいまして」なんて言い出して。「あーっ⁉　お前、俺の付け人していて、そんなことしてたのか？」って(笑)。「付け人がかあちゃん持ちで、子作りまでしちゃったのかあ」って(笑)。

この間、ウチの店に遊びに来たけどね。あいつも、もう50過ぎだもんなあ。子供も大きくなって、今はかあちゃんと来てくれるよ。

そして最後の付け人が平柳玄藩。一番、悪いのが最後だった(笑)。

博多に飲みに行った時に「酔っぱらった！」って飲み屋で寝ちゃったんだよ。仕方ねぇから「もう帰るぞ！」って、肩を貸してやって、ホテルに連れ帰ってさ。付け人が酔っぱらって親分の肩を借りるなんて有り得ねぇ(苦笑)。

「もうホテルに着いたから、ここからは自分で部屋に帰れよ」ってロビーで降ろして、俺は部屋に帰ったんだけど「大丈夫かな？」って心配になって、一緒に飲みに行った浅子とちょっと戻って見てみたら、携帯電話が鳴ったみたいで急にスクッと立って喋ってるんだよ。

あの野郎、酔ったフリしてたんだな。肩を貸さなきゃ歩けないほど酔っぱらっていた人間がいきなりシャンとして電話で喋れるわけねぇもんな。俺と浅子の姿を見たら慌てふためいていたよ。

あいつの本名は努なんだけど、飲んでいる時に「お前の顔は努じゃねぇだろ。悪代官の顔だろ。水戸黄門に出てくる悪代官と同じ名前の玄藩に変えて小悪党にでもなっとけ!」って言ったら、本当に平柳玄藩に名前を変えちゃったから「馬鹿じゃねぇのか、お前?」って。

あいつは、頭がいいんだか、悪いんだかわからねぇ(苦笑)。

まあ、付け人を育ってるっていっても……礼儀とか社会人としておかしいなと思った時に注意するだけで、プロレスの技を教えたりとかはあんまりしなかったね。

森嶋なんかは俺と同じように大きいからアドバイスできたけど、大森が付け人だった頃は俺も若かったから、てめぇのことで精一杯で、教えるなんていう余裕はなかった。

杉浦とか平柳は、教えるっていっても身体のサイズが違うもんな。だから試合を観ていて、ちょこっと言うぐらい。俺も鶴田さんにそんな感じで教えられたから。

三沢との試合は下手なことはできない

06年からノア・マットは激動の時を迎える。1月22日の日本武道館で田上が秋山に敗れてGHCヘビー級王座から陥落。7月には小橋の腎臓がんが判明。絶対王者として03年3月から2年間、ノアを支えた小橋だが、長期欠場を余儀なくされた。

そして小橋とのタイトルマッチを望んでいた秋山が9・9日本武道館でジュニア・ヘビー級からヘビー級に転向した丸藤に敗れた。

26歳のGHC王者誕生により、新時代が到来したかに見えたが……そこにストップをかけたのが三沢。年末12・10日本武道館でかつての付け人・丸藤に挑戦した三沢は、雪崩式エメラルド・フロウジョンで時計の針を戻してみせたのである。

その三沢に田上が挑戦したのは07年7月15日の日本武道館。初対決から16年……45歳の王者と46歳の挑戦者の激突は、まさに2人の戦いの集大成になった。

田上がいきなりドロップキックからトペを発射すれば、三沢はエルボー・スイシーダで対抗。田上は高角度喉輪落とし、ダイナミック・ボム、つくば薪割り……と、大攻勢を仕掛けたが、驚異の粘りを見せた三沢のブレーンバスター式エメラルド・フロウジョンがズバリ！

勝利した三沢は田上に「ありがとう」と声を掛け、2人は握手を交わしたのだった。

秋山にやられちゃったんだよなあ。

「恩返しできましたかね？　まだまだ休ませませんよ！」なんて言われちゃったけど、何だかんだ言ってもGHCのベルトは、持ったら絶対に負けちゃいけないベルトだと思っていたよ。後押ししてくれたファンには申し訳ないという気持ちだった、そのあとから否応なしに世代交代の波が来た。でも、また当時の丸藤はちょっと線が細かったよ。ただ、返り咲いた三沢も結構ガタが来ていた。丸藤からベルトを獲ってすぐの年明けの森嶋との防衛戦（1・21日本武道館）では、場外戦で脳震盪を起こして記憶がないままに試合をして、終わった後に救急車で運ばれたもんな。あれは大変だったよ。

俺が三沢に挑戦の名乗りを上げたのは、確か三沢が挑戦者募集をしたからだよ。その前の日本武道館（4月28日）で佐野（巧真）が三沢に挑戦して……40過ぎの2人がボロボロの状態で頑張っている姿を観て、同年代の俺も熱くなった。

あの三沢との試合はベルト云々よりも、俺らの年代の力を見せつけたいっていう気持ちが強かった気がする。だから今までのGHC挑戦の時のように新技を出すんじゃなく、過去の技のオンパレードで田上明の最後っ屁をかけてやろうと思ったの(笑)。

俺、三沢、川田、小橋……俺たちの試合が自分の青春のアルバムになっているファンの人もいるだろうから、それを思ったら三沢との試合は下手なことはできない。年を重ねても、その年齢なりにやらないわけにはいかないからね。ファンの想いを裏切れない。

年を重ねるとパッパッとは体が動かなくなる。でも、プロレスっていうのは物語があるから、やらなきゃいけない時があるんだよね。

試合は自分で言うのもなんだけど、「これ以上は無理！」っていうところまで頑張れたと

死力を尽くした2006年の三沢とのGHC戦。これが最後の対戦となった。

フィニッシュになったブレーンバスター式エメラルド・フロウジョン。

思うよ。あれが俺にとっては最後のGHC戦、最後の三沢戦になったね。

試合後、頭の中が真っ白になって、全部飛んで忘れちゃったけど……序盤のフェースロックは効いたけど、絶対に「参った」はしないと心に決めて、レフェリーの手を振り切ったことは憶えている。

フィニッシュになったブレーンバスターみたいな形からのエメラルド・フロウジョンは脳天からマットに突き刺さったぞ。あれは2度と食いたくないと思った。あの形は俺に使ってから封印したんじゃない？（苦笑）。

本当はベルトを獲ったら、小橋が復帰するまで持ち続けて、見せびらかしてやろうと思ったんだけど。でも、年末（12・2日本武道館）に小橋が復帰できたのは嬉しかった。大したもんだよ。自分を信じて頑張ってリングに戻ってきたんだから。自分が大好きなナルシストじゃなきゃできないことだよ（笑）。

最後のタイトルマッチ

三沢とのタイトルマッチが終わって一区切りついた感じでもあったけど、08年になって1月20日に後楽園ホールでデビュー20周年記念試合をやってもらった。

秋山、2代目付け人の森嶋とトリオ組んでの三沢&丸藤&鈴木鼓太郎との6人タッグだったけど、秋山の野郎が俺を出ずっぱりにしやがって(苦笑)。最後は鼓太郎につくば薪割り、「俺が田上」を決めて恰好がついたけど、働かされたな。

セレモニーで娘（菊乃さん）から花束をもらったんだけど、嫌なんだよな、俺、そういうの。気恥ずかしいから。仲田龍とか、俺の運転手をやっていた大川（正也＝当時、ノアのリングアナウンサーで現在は新日本の社員）とかが好きなんだよな。大川が一番好きだったんじゃないかな。きっと、あいつが考えた演出だよ。

でも、リング上で娘に花束をもらうのに緊張するとは思わなかった(苦笑)。「おめでとう」って言うから、「帰ったら、一緒にお風呂入ろう」って言ったら「ダメ！」って。もう小学4年生だったから、無理だよな(笑)。

20年もよくプロレスをやってきたと思ったけど、小橋も復帰したし、俺も蘇ってやろうと気持ちを新たにしたよ。

GHCシングル戦線からは撤退したけど、この08年は冬に新潟（11・28新潟市体育館）で、森嶋と組んでバイソン・スミスと齋藤彰俊のGHCタッグに挑戦したんだよ。シリーズ前に森嶋と精神鍛錬のために韓国に遊びに……いや、特訓に行ったんだ。ゴルフや射撃で忍耐力とか集中力を養った(笑)。その時に森嶋が「師弟コンビでタッグに挑戦しましょう！」って

デビュー20周年記念試合で娘から花束の贈呈。

言うから、俺も重～い腰を上げて。

試合は、俺なりには頑張ったと思うけど、最後はフォローしきれなくて森嶋がバイソンのランニング・パワーボムにやられた。

この試合が俺にとって本当に最後のタイトルマッチになったけど、最後に元付け人と組んだっていうのも悪くはないな。

言葉がでなかった三沢の事故死

ノア最大の悲劇はあまりに突然だった。

09年6月13日、広島グリーンアリーナ小アリーナのメインイベントで潮崎豪と組み、バイソン＆彰俊のGHCタッグ王座に挑戦した三沢が試合中のアクシデントで広島大学病院に緊急搬送され、同日午後10時10分に急逝したのだ。死因は頚髄離断だった。

選手一行は三沢の遺志を継いで翌14日の博多スターレーンからのシリーズを続行。シリーズ終了後の7月6日に臨時株主総会及び取締役会が行われ、田上が新社長に就任した。

三沢亡き後のノアは社長＝田上、副社長＝小橋と丸藤、取締役選手会長＝森嶋、監査役は引き続き樋口寛治という新体制で新たに船出することが決まった。

なお、百田光雄副社長、永源常務取締役、仲田龍取締役統括本部長、小川良成取締役は取締役を外れて相談役に。三井政司営業部長が取締役営業部長に昇進。新人事発表後に提出された百田相談役の辞表は同月10日に受理された。

広島では、俺は試合（第5試合＝相島勇人と組んで力皇&モハメドヨネと対戦）が終わって控室で一息ついていたんだけど「社長が大変だ！」って石森太二が血相を変えて駆け込んできたんだよ。「どうした？」ってアリーナに行った時には、もう心臓マッサージをしている状態だった。

知り合いのお医者さんが応急処置をしてくれたけど……ダメだったよね。救急車で病院に搬送されて、俺らはホテルの自分の部屋で待機していたんだけど、そうしたら亡くなったっていう連絡が来て……。

翌日は博多大会で、その前に病院に行って三沢の顔を見てね……。あまりにも突然のことだったから実感が湧かなかった。

「俺より若いのに、何でこんなに早く死んじゃうんだよ!?」って思ったのが正直なところで、目の前の現実に自分の気持ちが追いつかなかった。

亡くなる何ヵ月か前から首がかなり痛いみたいで、試合前にいろいろな治療をしていたの

2009年7月4日、ディファ有明にて「三沢光晴お別れ会 ～DEPARTURE～（献花式）」が執り行われた。

は知っていた。彼は愚痴を言わない男だし、プロレスラーは基本的にリングで事故が起きないように首とかは鍛えているわけだけど、それでも事故が起きてしまった。もう、何も言葉が出なかったよ。

やりたくなかった社長に就任したワケは…

でも、開催中のシリーズをどうするかとか、現実の問題があるから悲しんでばかりもいられない。

緊急取締役会を開いて「シリーズを続行しなければ、三沢も報われないだろう」ということで、その後、スケジュール通りに大会を続けたんだよ。俺たちはプロだからね。これでやれなかったらプロ失格でしょ。

それから激動だったよ。俺が社長になった経緯は、まず三沢の奥さんで大株主でもある真由美さんから「社長をやってもらえませんか？」と直接電話をもらったこと。

多分、仲田龍が進言したんだと思う。副社長だった百田さんと仲が悪かったから、もし百田さんが社長になったら困るというのもあったんじゃないの？　あとは選手の中で俺が年長者っていうのもあったかもしれない。

人の思惑はともかく、さすがにいきなり「社長をやってください」と言われても即答はできないよ。とりあえず「何日か考えさせてください」ってことで保留にさせてもらった。

で、百田さんは小橋を社長に推していたから、小橋に「お前、社長になるか？　なりたいなら、俺は降りてもいいよ」って言ったんだけど、小橋は「いや、なりたくないです」と。

俺もなりたくなかった。3月に日本テレビの地上波放映も打ち切りになったし、ノアにはあの時点で2億円ぐらいの借金があったんだよ。代表権を持ったら、何かあった時にそれを被らなきゃいけないからね。

そうしたら丸藤、森嶋、杉浦たちがバッと俺のところに来て「どうか社長をお願いします！」って頼むんだよ。若い奴らの代表で来たんだろうなとわかったから「しょうがねぇ、やるしかねぇな」ってなったのが、俺が社長になった真相。

もし俺が受けなかったら、多分、小橋はウンと言わねぇから、誰がなったんだろうな。新人事で百田さん、永源さん、小川、龍が役員から外れた経緯はわからないけど、俺が引き受けなかったら、ノアは解散になっていたかもしれない。

やっぱり若い連中を路頭に迷わすわけにいかねえしさ。こうなったら俺がやるしかないなと腹を括ったよ。

でも俺も家族がいるわけだから、かあちゃんに相談したんだけど「あなたの好きなようにすれば」って言ってくれたよ。それはありがたかった。

10年ぶりのタッグ、「川田も丸くなったな」って

新しい体制になってから、現場は新たにGMになった龍が見ていた。日本武道館での三沢追悼興行（9月27日）で、全日本の社長だった武藤敬司と社長コンビを組んだのも龍のアイデアだったと思うよ。相手が小橋と高山の鉄人&帝王コンビというのもよかったね。小橋と武藤は初対決だったんじゃないか？

武藤とのコンビ？　武藤は自分勝手だから嫌(笑)。勝手にやって、勝手に戻ってきて「ほい！」ってタッチするから疲れる。好きなように生きてるんだなあと思ったよ。

ここ最近はトークイベントとかで一緒になることも多いけど、やっぱり好きなように生きているなあっていう印象だよな。

まあ、俺もあの試合では武藤より先に、勝手にシャイニング・ウィザードをやっちゃったんだけどね(笑)。上手かったかどうかはわからないけど、見様見真似でできるんだよ。

正直、4人の中で一番じじいだから疲れたけど、三沢にみんなが頑張っていることを伝えられたらいいなと思っていた。

10月の大阪の追悼興行第2弾（10・3大阪府立体育館）では川田と組んだけど、これも俺が川田にオファーを出したわけじゃないよ。龍が考えたんだよ。10年ぶりぐらい（実際は9年4ヵ月）に川田と組んだわけだけど、昔はもっとピリピリした感じだったのが「川田も丸くなったなあ」っていう感じ。体もちっちゃくなっちゃったって感じた。

試合は……きっちりとはいかなかったかもしれないけど、呼吸はわかっているから、タッチするタイミングとかは問題なかったと思うよ。そこは阿吽の呼吸だよ。最後、パワーボムと喉輪落としの合体技もKENTAに決まったしね。そこから「俺が田上」だから、久しぶりのコンビとしては100点満点でしょう。

あの試合では俺、確かタイガー・ドライバーを使ったなあ。いつもやられていたから、どんなもんかなと思ってね。ダイナミック・ボムをリバース・フルネルソンでやればいいから、俺だってできるんだよ。

社内の不正をただして

田上体制で再出航したノアだが、09年12月末日で菊地、多聞、泉田、川端輝鎮、橋の年間報酬保証フリー契約が満了、マイティ井上のレフェリー契約が満了、志賀がフリー契約選手

ノアの新体制が発表され、三沢亡きあとの新社長に就任。

になった。さらに11年12月末日で雅央、彰俊、佐野がフリー契約選手になり、三沢時代にはなかったリストラが行われた。

09年暮れのリストラは、三沢が社長だった時代から決まっていたことだよ。三沢は選手や井上さんに「今年1年で契約は終わりですよ」って、ちゃんと通達していたはずなんだけど、井上さんに「田上、社長なんだからどうにかなんねぇのか？」って言われて「それはちょっと無理です」って。井上さんもそれ以上は言ってこなかったけど、やっぱりリストラは嫌だったね。

その後のリストラは……役員会でそういうことになったんだけど、これは難しいんだよ。その選手のギャラの問題とかもあるから。不要という意味ではなくて、プロ野球と同じで、その選手のギャラをあんまり下げるわけにはいかなくて戦力外通告することもあるでしょ。それと同じこと。

それを選手に通告するのは辛いものがあるけど、言うしかないからね。

やっぱり地上波のテレビが打ち切られたのが痛かった。日本武道館も2010年の10月（5日＝杉浦vs森嶋のGHCヘビー級戦）を最後に撤退したし。あそこは会場費が高いし、前払いなんだよ。そうなると、当時のウチの会社の状況だと、撤退せざるを得なかった。

俺は経営のプロじゃないから〝お飾り〟みたいなものだったけど、調べてみたら、三沢も経営にはうとかった(苦笑)。いろんな奴らが使い込みをしていたからね。

金を誤魔化しているんじゃなくて、ちゃんと借り入れということで帳簿には載っているわけ。経理の人間に「これはどういうことなんだ? 三沢は知っていたのか?」って聞いたら「はい」って言うんだよ。

だから、借り入れをしている人間を一人ひとり呼び出して、そいつらを怒って、返済の仕方もただしていったよ。使い込みとか不正を働いていたのは、経理の上の人間とかで、仕組みを知っているフロントの人間だった。レスラーにはいなかったよ。

例えば、ある人間は売ったチケット代を会社に入れないで、それが溜まって何百万円にもなっていた。俺が怒ってからみんなチケット代を入れるようになったけど、それまで溜まっている分は払わないんだよ。だから「少しずつでもいいから返済しろ!」と。

ある人間には「給料から天引きするから」って言ったら、「それは勘弁してください」とかって泣きつかれて。もう会社としては破綻していたようなものだよ。

百田さんと龍は仲が悪かったし、小橋と龍も仲良くなかったり、実際の人間関係は複雑だったんだ。三沢がいることで何とかバランスが保てていたんだよね。でも三沢がいなくなったら、みんな好き勝手なことをやり始めたよ、それは俺が甘いからだよな。

俺は結構、龍とは仲が良かったから、俺が何も言わないと思って、あいつは俺の名前を借りて物事を動かしていた面もあったと思うよ。

第七章 プロレス引退

就任以来、社長として会社の改善に奔走。
そして選手は引退することを決意。

ノアから去っていく者たち

２００９年７月６日にノアの代表取締役社長に就任以降、社長とレスラーの二足の草鞋《わらじ》で奮闘していた田上だが、11年10月30日のディファ有明における小川戦（首固めに敗退）を最後にレギュラー出場をやめた。次に出場したのは５ヵ月後の12年３月25日の茨木県牛久運動公園体育館大会。雅央と組んで丸藤＆志賀との対戦だった。試合は雅央が志賀の回転エビ固めを潰して勝利した。

レギュラー出場をやめたのは体調面。全日本の時からの不整脈もそうだし、腰が悪くて後ろ受け身がきつかったからね。圧迫骨折していたから「腰が悪くて試合ができねぇ！」って。でも牛久は住んでいる場所だし、チケットも売っているし、出ざるを得なかった。

牛久の2日前にはGMの仲田龍と相談役の永源さんを一般社員に降格する人事もあったから、公にちゃんと顔を見せないといけないっていうのもあったんだよ。

2人の暴力団関係者との交際が雑誌で報じられて、外部弁護士を通じた調査の結果、交際の事実が認められたから、これは仕方ないというか、当然の措置だった。

事務所に全社員と所属選手を集めて反社会的勢力排除講習会もやったよ。

この12年もいろいろなことがあった。7月（22日）には、ノアとして両国国技館に初めて進出して、力皇の引退セレモニーもやった。あいつは頸椎損傷の大怪我を負って以来、首の故障に悩まされてきて、前の年の11月に引退を決めていたんだ。

元相撲取りだから、両国国技館でセレモニーをやってあげられてよかったと思うし、引退後はＧＨＣタイトル管理委員になってもらったよ。

この両国では、俺も3月の牛久以来の試合出場で玄藩と師弟コンビを組んで佐々木健介＆中嶋勝彦の健介オフィス師弟コンビとやったけど、健介のラリアットを食らったし、勝彦のいてぇキックも食らったな。鬼のようにやられた（苦笑）。勝彦の蹴りを一度はドラゴン・スクリューで返したのは俺の意地だよ。

玄藩が勝彦にやられた（ランニング・ローキック）のは仕方ねぇけど、俺自身は第一線の選手に付いていけなくなったことを実感した試合でもあったね。

ノアのリングから去ったのは力皇だけじゃなかった。12月9日の年末最後のビッグマッチの両国国技館大会の5日前に東京スポーツに「小橋解雇」と「秋山、潮崎、金丸、鼓太郎、青木篤志の5選手が退団」と報じられちゃったんだ。興行的にマイナス・イメージになるから、あれは正直参ったよ。

ノアが小橋を解雇するなんていうのは事実無根だから、すぐに記者会見を開いて否定したけど、5選手の退団……選手契約の更新については、まだ交渉中という段階だったから、その通りに経過を発表した。

秋山たちが龍と折り合いが悪くて、辞めたいという気持ちを持っているのは薄々わかっていたよ。龍はあいつらより先輩だから、結構横暴だったみたいでね。

でも、みんな「体調が……」っていう感じで、龍が理由だとは言わなかった。潮崎はルックスもいいし、ある程度体も大きいし、動けるし、買っていたから上げて行こうと思っていたんだけどね。まあ、去る者は追わずで、12年いっぱいで5人は退団することになった。

小橋は契約を更新しないで翌13年5月11日に日本武道館でやる引退興行に専念するということだったから、もちろん協力したよ。小橋のほうからも「ノアとの共催という形でやらせてほしい」っていう話があったからね。

日本武道館は、一見さんが借りるのは無理だから。ノアが付かないと、小橋の名前だけでは貸してくれないの。暮れにノアを辞めた5選手も上がったし、いい形で小橋を送り出してあげられたんじゃないかな。

引退表明

小橋引退試合の翌日の5月12日、ノアは後楽園ホールで『方舟新章』と銘打った興行を開催。〝心に残るプロレス〟を掲げ、新たな出発をアピールした。

そして試合前の選手入場式で田上は「私事ですが、12月、ラストマッチをして社長業に専念したいと思います」と、年内での引退を表明した。

「方舟新章」「心に残るプロレス」っていうのは、それまでの主軸だった秋山がいなくなって、小橋も引退して、これからっていう潮崎もいないし、ジュニアの金丸もいなくなったけど、その時のGHC王者の森嶋、三沢が亡くなったあとにGHC14回防衛の新記録を作った杉浦、副社長とレスラーの両方で活躍する丸藤、ユニット（No Marcy）のリーダーになって、ヘビー級に進出したKENTAたちが頑張るだろうからってことで、龍や大川が考えたんだと思う。

年内での引退を発表したのは、旗揚げの頃のノアのトップだった三沢、小橋、秋山はもういないし、年末には俺もいなくなるから「ノアは新しい時代……新章に突入するんですよ」

2013年5月12日、後楽園ホールのリング上で引退を発表。

ということを強調する意味もあった。

ファンの人たちには唐突だったかもしれないけど、腰を悪くしてレギュラー出場をやめた頃から考えていたこと。不整脈の問題もあって、主治医からも「もう、そろそろ辞めた方が……」と言われていたんだよ。

それを最初に邪魔しやがったのが力皇。あいつより前から引退をいつにしようか考えていたのに、その矢先に引退を表明したから「ありゃりゃ！」って、俺の引退が先送りになって。そうしたら今度は小橋の引退が決まって、それでまた先送りになって。だから、もう邪魔が入らないように小橋の引退試合が終わった翌日にすぐ発表したんだよ(苦笑)。

ラストマッチ

田上の引退試合は12月7日、有明コロシアム。カードは田上&森嶋&杉浦&玄藩vs天龍&藤波&雅央&志賀の8人タッグマッチに決定した。

最後、シングルマッチはちょっと無理だし、歴代の付け人たちにサポートしてもらおうと思ってね。対戦相手として、まず最初に浮かんだのが天龍さん。天敵だから(笑)。

顔を蹴られて、額にシューズの紐の痕がついちゃって……天龍さんは「そんなのは普通だ」って言うけど、俺にしたら相撲から転向して「プロレスって、凄いところだなあ」って、教わった怖〜い人。天龍プロジェクトの興行に挨拶に行った時も写真撮影でいきなり逆水平チョップをやってきて、相変わらず危険な人だったよ(苦笑)。

藤波さんとは純粋に一度やってみたいと思ってたんだよね。鶴田さんと藤波さんはよく比較されていたから、鶴田さんと組んでいる時、藤波さんに興味を持っていたの。

昔、馬場さんと千葉にゴルフをやりに行った時、馬場さんに「あれは藤波の家だよ。タマ、打ち込め！」なんて言われて「いやあ、それはできないでしょう」って。そこでゴルフボールを打ち込んでいたら、遺恨ができていたかもね(笑)。

ドラディションの興行に挨拶に行った時、それを藤波さんに話したら「ええっ⁉ 馬場さん、怖いなあ。やめてくれよ」って言っていたよ。

あとの対戦相手の雅央とパンチパーマの志賀は、俺が第一線を降りて下のほうのカードで試合をやるようになってからのライバルだ。

本当は川田との聖鬼軍復活も考えていたんだけど、体調的に無理だってことでね。俺もほとんど無理なのにさ。「いやあ、俺もほとんど動きやせんで」って言ったんだけど、ふられちゃったんだよ(苦笑)。

ふられちゃったから、川田の店（麺ジャラスK）にラーメンだけ食いに行って、当時はカレー白湯ラーメンじゃなくて、エビの香りがするラーメン（海老風味、肉増し）を御馳走になった。川田の店に行ったのは、あれが初めてだったけど、美味しかったよ。

試合は実現しなかったけど、川田は試合のテレビ解説と、最後のセレモニーへの参加を約束してくれたから、店に行ってよかった。あっ、結局、飯も奢ってもらったんだ(笑)。ラーメンだけじゃなくて鶏の唐揚げも食べたよ。

引退試合が近づいた10月から巡業に同行して試合前に体を慣らしていたよ。いくらか受け身、リングワークをしておかないと死んじゃうから(苦笑)。引退試合でみっともない姿を見せるわけにもいかないから、ある程度は動けるように身体を作ったつもりだよ。

最後の試合……緊張はしなかったけど、天龍さんと藤波さんに無礼があったらいけないなっていう気持ちはあった。

試合で憶えているのは、藤波さんのドラゴン・スクリューを受け損なって倒れちゃって、そのまま足4の字をやられたこと。天龍さんとは脳天チョップと水平チョップをやり合ったよね。俺は脳天チョップとヤシの実割りのジャイアント馬場殺法をやったよ。天龍さんもそれを望んでいたから。

最後は付け人たちがうまくやってくれて、雅央をそれぞれが得意技で十分に痛めつけてくれた上で、「俺が田上」を決めて有終の美を飾ることができた。まあ、おっさんたちでよう10分（正確には10分40秒）もやったよ(笑)。

ワンツースリーを聞いた時？「ああ、これで終わりだ」って。そんなに感慨深いものとか、プロレス人生が走馬灯のように……なんていうのはなかったよ。

試合後のセレモニーには、入門時の先生だったカブキさん、ＧＨＣタイトル管理委員長のハーリー・レイスも来てくれたし、俺が三沢の写真を持って、川田と小橋に囲まれて四天王の揃い踏みもできたのはよかったな。

四天王のみんな…誰も後悔してないと思うよ

いまだに川田は引退してないけど、結果的に四天王で最後までリングに上がっていたのは俺だったよね。それは俺が一番大きな怪我が少なかったからじゃないのかな。

四天王のみんなが身体を壊しちゃったけど、誰も後悔してないと思うよ。それだけのことをお客さんの前でやったことも、その痛みも俺の宝物だから。

プロレス生活26年……そこそこ成功できたのは、相撲時代を引き摺らないで、早くプロレスとプロレス社会に染まれたからかな。相撲社会とプロレス社会はちょこっと違うから。

試合なんかは「やる時はやる！」っていう気持ち、度胸が大事だよね。

大技はいくつかあればいいけど、つないでいく技はいっぱい持っていた方がいい。結構器用なんだよ、俺。ある程度はできたんだよ。

それをいつもじゃなくて、ちょこちょこっとたまに出していたからいいの。いつもやってたら普通だけど、たまにちょこっとやるから、お客さんが沸いてくれるんだよ（笑）。

ある程度、お客さんの反応を感じながら試合をしていたけど、「沸かせるにはどうしようか」なんて考えていたらうまくいかないんだよな。プロレスは奥が深いね。

思い出に残っている試合は、三沢から三冠を獲った試合、森嶋とのＧＨＣ初防衛戦、あと馬鹿負けしたのは武藤とタッグを組んだ試合（笑）。

セレモニーの最後に息子の豊と娘の菊乃がリングに上がったのは、絶対に龍と大川が考えた演出だな。だから家族が出てくるのは苦手なんだって（苦笑）。

俺、息子には厳しかったね。男だからバチッと育てなきゃと思って、悪いことをしたら精神注入棒を作って「自分で持ってこい！」「ケツを出せ！」ってバチーンってぶっ叩いたよ。だから、おっかなかったんじゃないの。逆に今は息子のほうがおっかないよ（苦笑）。

あいつは俺のいい時を知っているからプロレスラーになりたいと思ったこともあるみたいだけど、もし本気でやりたいって言ってきたら「お前はセンスがないからやめろ」って言っていたと思う。

でも相撲は「やれよ」って言ったんだよ。成績は残していないけど、高校の時に全国大会に行ったんだ。そん時の相撲部の監督が相撲取り上がりで、今も店にも「ちわーっス！」って軽いノリで来るんだけどね(笑)。

監督に任せていたから、俺が直接相撲を教えることはなかったけど、たまに酔っぱらって「こうやって取るんだ！」なんてやっていたけどね。

結局、息子は「プロにはなりたくない」って、大学からアメリカン・フットボールに転向しちゃった。俺も応援に行ったけど、ルールがわかんねぇんだよ。

この前、スタン・ハンセンとトークショーをやった時に運転手として息子を連れて行ったら、スタンとフットボールの話をしていたけど、俺はさっぱりわからなかったよ。

娘は息子より8つ下だから、いくらかは俺がプロレスをやっていたのは知っていても興味はなかったんじゃないかな。娘には甘かったなあ。

厳しい状況の中で

田上が引退して社長業に専念するようになったノアだが、リング上は激動だった。田上が引退した時点でのGHCヘビー級王者はKENTAだったが、翌14年1月5日の後楽園ホールで森嶋がベルトを強奪。

森嶋は王者になったのを機にマイバッハ谷口、拳王、大原はじめとヒール・ユニットの超危暴軍を結成して新しい流れを作ったが、わずか1ヵ月後の2月8日の後楽園ホールで新日本の永田裕志に陥落してしまった。

2月15日には取締役渉外部長、取締役統括本部長、GMとして手腕を振るい、後年は一般社員に降格になったものの、旗揚げからノアを支えてきた仲田龍が心筋梗塞で急逝。

4月30日には最も人気があったKENTAがWWEにスカウトされてノアを退団した。

そうした状況で踏ん張ったのが副社長兼トップ選手だった丸藤だ。7月5日の有明コロシアムで永田からノアにGHC王座を取り戻して「ギリギリ間に合った。年齢、コンディション、キャリア……本当にギリギリだったと思う。今まで期待を裏切ってきたけど、偉大な先輩たちの名に恥じぬように一生懸命やっていく」と、ノアの象徴になることを誓った。

正直、経営状態は悪くなったねぇ。俺が社長になった時……というよりも、三沢の時から興行収益は下がっていたからね。くわえて、会社の金をぽっぽする奴らもいたわけだから。

ＫＥＮＴＡの退団も大きかった。俺は「お前、その身体じゃ、ニューヨークでは無理だろう」って言ったんだけどね。

あいつの速い動きはWWEとは合わないんじゃないかと思ったよ。向こうの選手は合せてくれないでしょ。でも本人の意志が固かったから「行ってこい！」って。

俺は森嶋に目をかけていたんだけどね。身体が大きくて、いいものを持っていたし、あいつを伸ばしたらいいんじゃないかって考えていたんだけど、段々、おかしくなっていっちゃった。もったいなかったよ。

「やる気、元気、モリシ！」なんて言っていた頃はよかったんだけど、辞める時もいい辞め方ではなかったよね。KENTAが辞めた1年後（15年4月）ぐらいかな、いきなり「辞めます」って来たから「もう1回、考えてみろ」って言ったんだけどね。

それでも辞めると言うから、表向きは怪我と糖尿病の悪化ということで本人不在のまま発表したんだよ。その後、横浜文化体育館（5月10日）に来させて、自分の口からファンにちゃんと引退を報告させて、秋（9月10日）に大阪府立体育会館で引退試合を用意してあげたんだけど、「それまでにコンディションを整えられません」という連絡が来たから、延期にしてあげて。

最終的に本人の意思で引退試合もセレモニーもやらないことになって、15年末の契約満了で退団の形になった。元々、精神的に弱いところがあったけど、あの頃は病んでいたとしか

社長としてマスコミを集めて記者会見。

言いようがない。可愛がっていたこともあって、森嶋については本当に残念だし、寂しかったね。

新日本がノアを買収!?

森嶋が退団した15年の1月からノアの風景は一変する。1・10後楽園ホールにおけるノア15周年イヤーのスタートの日に新日本マットでやりたい放題の大暴れをしていた鈴木みのる、飯塚高史、タイチ、エル・デスペラード、TAKAみちのく、ランス・アーチャー、デイビーボーイ・スミスJr.、シェルトン・X・ベンジャミンが乱入。ノア・マットの戦いの図式がノアvs鈴木軍に様変わりしたのである。

ノアはあっという間に鈴木軍に占領された。2ヵ月半後の3・25有明コロシアムが終わった時点でGHCヘビー級王者＝鈴木、GHCタッグ王者＝アーチャー＆スミスJr.、GHCジュニア・ヘビー級王者＝タイチ、GHCジュニア・ヘビー級タッグ王者＝デスペラード＆TAKAと、鈴木軍が王座を独占する事態に。

最初は対抗戦という刺激にファンも食いついたが、ノア本来のハッピーエンドではなく鈴木軍主役のバッドエンドが多くなり、1年近く経つと、昔からのノア・ファンは拒絶反応を見せ、離れていくファンも少なくなかった。

この鈴木軍との抗争は約2年続き、ファンの間からは「ノアは新日本のファーム団体になった」という声が上がり、遂には「ノアは新日本の子会社になったらしい」などという噂が独り歩きするまでになった。


鈴木軍がウチに来た経緯はどうだったけな？　正直、憶えていないんだよ。結構のさばられちゃって、ノアが鈴木軍カラーに完全に染められちゃったよね。本当に、いいようにやられていたという記憶しかない。

当時は「ノアは新日本の子会社になった」っていう噂まで流れちゃって……そんなことはなかったんだけど、外から見たら子会社みたいに見えたのかもしれない。それほど鈴木軍の勢いが凄かったということなんだろうけど。

でも新日本がウチを買収するという話はまったくなかった。どういう意味で言ったのかはわからないけど、ブシロードのオーナーの木谷（高明）さんが「ノアに手を出すな」って言ったみたいだよ。

だから新日本としては、自分のところの余った選手を送り込む団体だと考えていたんじゃないかな。こっちにしても割り切って考えて、新日本では余剰人員だとしても、ウチで使える選手が来るなら、それはそれでいいと。

破産手続き…責任は全て俺がとった

鈴木軍は16年12月3日のディファ有明を最後にノアから撤退したが、その1ヵ月前の11月1日、ノアは株式会社プロレスリング・ノアの事業を、かつて全日本の社長を務めた内田雅之が執行役員を務めるエストビー株式会社（不破洋介代表）に譲渡すると発表した。

記者会見は行われず、株式会社プロレスリング・ノア代表取締役・田上明の名前で「事業譲渡に伴い、弊社に所属する選手及び従業員はエストビー株式会社に移籍し、本日以降に予定されている試合・大会は、すべて予定通り開催されます」という文書がマスコミ各社にリリースされ、相談役＝田上明、会長＝内田雅之、代表取締役＝不破洋介、取締役＝伊藤大介という新体制になることも発表された。

エストビー株式会社は11月7日にノア・グローバルエンタテインメント株式会社に社名を変更。新会社となったノアは、内田会長が陣頭指揮を執ることになった。

代表取締役の田上ただひとりになった株式会社プロレスリング・ノアは株式会社ピーアールエヌに社名変更。翌17年2月1日に東京地裁から破産手続き開始決定を受けた。

エストビーの買収は、半年ぐらい前に元全日本の社長の内田さんから話が来たんだ。早い話がノアの名前を残して違う会社にしちゃうわけだよ。

で、選手とスタッフをそちらの会社に移して、俺は株式会社プロレスリング・ノアの代表取締役のまま。そこから社名変更して会社を畳んだわけ。

ピーアールエヌっていう社名？　それも向こうが主導で弁護士が入ってやったことだから、俺にはわからない。大まかな形しか聞かされてなかったから、細かいことはわからない。

とにかく選手や社員は何も問題はないようにして、責任は俺が全部取った。どういう形であれ、三沢から引き継いだプロレスリング・ノアの名前を残して継続させ、頑張ってきた選手と社員、その家族を守る……それが長としての俺の最後の義務、責任だと思ったからね。

「もう、しょうがないな」っていうのが正直な気持ちだったよ。

ノア・グローバルエンタテインメントのほうでは相談役ということだったけど、名前だけで給料がまともに出たことはなかった。

出たのは3回……3回ともこちらから催促する形だったからね。問い合わせの電話にも出ないんだから。口約束じゃなくて、きちんと契約書を交わしておけばよかったよ。で、表向きには辞任か何かは知らんけど、実際にはすぐにクビだよ。

全財産没収…宅配便の仕分けのバイトとかしたよ

俺は株式会社プロレスリング・ノアの代表取締役であり、保証人でもあるわけだから、負債4億円を全部背負った。当然、俺も破産だよ。財産は全部持っていかれちゃったからね。住宅ローンはもうそんなに残っていなかったけど、家も手放さなきゃいけなくなったし、お金になるものは車から何から全部処分した。でも急なことだから相手も足元を見て、そんなに高く買ってくれないんだ。

かあちゃんが居酒屋をやってたから、何とか食べることはできたけど、いろいろな支払いもあるし、大変な思いだったよ。

「生活には困らないぐらいの金は持っているだろう」なんて言われていたみたいだけど、とんでもないよ。まったく何もないゼロからまた始めなきゃいけないわけだから。

俺、アルバイトもしたよ。いろいろやったんだよ。暮れのお歳暮の時期に宅配業者で荷物の仕分けもやった。その時期は時給がいいんだよ。それも夜勤だとさらに条件がいい。時給のいい短期のバイトを探してやっていた。

宅配業者のバイトをやっている時、見かけの悪いおっかねぇようなのが近づいてきたんだよ。知らん顔してたら、俺の顔をじーっと見て「田上さんですか?」って。

プロレスファンだったみたいで「何でこんなところに?」なんて言われちゃって困ったよ(苦笑)。もし東スポに知られたら、面白おかしく書かれちゃっていただろうね。でも、それがきっかけで話をするようになって、今はウチの店によく来ているよ(笑)。

55歳で会社が潰れて、破産して……ゼロからのやり直しは結構きつかった。でも、ちょこバイトすれば1ヵ月に10万ぐらいはもらえるじゃない。

プロレスの社会で生きようとは思わなかった。俺はプロレスが凄く好きで入ったっていう人間じゃないから、プロレスの世界に執着はなかったよ。

ステーキ店を開業…道具一式を送ってくれた松永光弘

今現在、俺は茨城県牛久で『ステーキ居酒屋　チャンプ』のオヤジをやっている。ステーキを焼くのはかあちゃんで、俺の仕事は肉の下処理。最初の頃は、昼間は店で肉の下処理、夜は外にアルバイトに行く生活だった。

元々ここは、かあちゃんが『チャンプ』っていうちゃんこ屋を始めた場所なんだけど、娘を授かったから半年で辞めて、娘の手が離れてから違う場所で居酒屋をやっていて、11年9

現在は茨城県牛久で『ステーキ居酒屋 チャンプ』を経営。

月から、またこの場所に戻って居酒屋『チャンプ』をやっていたんだよ。今もステーキだけじゃなくて、ちゃんこやいろいろな料理を出しているので、ぜひ、お越しください(笑)。

　俺がステーキを始めようと思ったのは、松永光弘がやっているステーキハウス『ミスター・デンジャー』によく行っていて、あいつが作るデンジャーステーキが美味かったから。息子も好きだったんだよ。だから「それ、どうやって作るの?」って。

　松永はノアの齋藤彰俊と高校の同級生。それで俺が社長の時にディファ有明（09年12月23日）で齋藤との一騎打ちという形で引退試合を組んであげたんだ。

　よくネットや雑誌で「田上は松永のもとで修行してステーキ屋を始めた」ってカッコよく書かれているけど、実際には修行といっても肉のさばき方を小一時間教わっただけ(笑)。

　脂のところを取って、筋を切る。牛の横隔膜……ハラミだから普通に食ったら結構固いんだけど、筋を切ることで柔らかくなる。正直、下処理は面倒臭いんだけど、丁寧にやっているから、お蔭様で「肉が柔らかい」とお客さんに言ってもらえてる。

　松永は優しい人間で、俺んとこに包丁とかステーキ用の道具一式を送ってきてくれた。それを今でも使っているよ。筋切りの機械はぶっ壊れて何個も買っているけどね。

店内にはプロレス時代の写真が多数飾られている。

あわやショック死の危機

そうやって生活を立て直していた矢先の18年3月1日、俺の身体に異変が起こった。夜、友人の家で酒を飲んでいたら、貧血みたいになって倒れちゃったの。

その時は「ちょっと飲みすぎかなあ」なんて感じで、次の日も違う友人の家で飲んでいたら、また倒れた。転んだ時に左側頭部を打っちゃって、6針縫ったんだよ。でも、医者も俺の胃のことはわからなくて、頭を縫っただけで帰された。

その翌朝、今度はトイレに行った時にへたりこんじゃって、かあちゃんが救急差を呼ぶ大事になっちゃった。で、救急隊員が「瞳孔、開いていませんか？」なんて会話をしているんだよ。俺は意識があったから「おい、おい！」って(苦笑)。

そうしたら胃潰瘍で胃に穴が開いていて、そこから大量出血していたらしくて緊急手術。俺、現役時代から不整脈で血液サラサラになる薬を飲まされていたから、血が止まらなかったんだな。

緊急だから麻酔も何もなしで胃カメラを入れられて、ゲーゲーしっぱなしだったよ。血圧なんか上が60ぐらい、下が40ぐらいになっちゃって、出血性ショック死の可能性もあるっていうことで家族全員が病院に呼ばれた。

何とか一命はとりとめたけど、400CCの血液のパックを5つぐらい使ったっていうから、俺の中には他人の血が結構入っているんだよ。それ以来、何だか身体が変わっちゃって、ビビりになっちゃった。

例えば、その辺で犬が「ワン！」なんて吠えたら、昔だったら「何だ、この野郎！」と思っていたのが、今は体が勝手にビクッて動いちゃう(苦笑)。

心はビックリしてないのに、身体が勝手にビックリしているんだよね。輸血でビビりの血が入っちゃったんだと思うよ。

俺の病気は胃潰瘍だけで済まなかった。組織検査をしたら「がんですね。進行は1から2に行く間ぐらいかなあ」って言われちゃって。

「ただ、がんがある場所が真ん中なの。どっちかの端にズレていれば全摘しなくて済むんだけど、これ、真ん中だから全部取っちゃったほうがいいんだよねぇ」なんて、医者が軽く言うんだよ。「ついでに胆のうも取っておくから」って(苦笑)。

手術をしたのは4月16日。3月1日に倒れて1ヵ月半後には胃がなくなっちゃうんだから、凄い話だよ。まあ、俺は手術の間、寝ていただけなんだけどね。

術後は歩く練習から始めて結構大変だった。初めは流動食だし、110キロ以上あった体重が95キロまで落ちたもんね。胃がないから一度に食べられないんで、1日5回ぐらいに分けてちょろちょろと食べて。

今は普通に食べているけど、そんなに量は食べなくなったよ。お子様ランチで十分(笑)。医者が言うには、腸はあくまでも腸だから、胃の働きをしないらしいね。

酒は退院して1ヵ月ぐらいで飲むようになったのかな。「飲んでもいいですか?」って医者に聞いたら「嗜む程度なら」って言われたけど、結局いつも度を越して失敗するんだけどね。すぐに腸に行っちゃうみたいで、酒が急に回っちゃうんだよな。

今も定期的にMRIの検査を受けているけど、この前の検査で「腰、圧迫骨折してますよ」って(苦笑)。浅子と飲んで酔っ払った時にやっちゃったんだよ。参っちゃったよ。俺も年取ってきたから骨粗鬆症なのかな。カルシウムを摂らなきゃな(苦笑)。

最近、足腰が弱ってきたからヤバいよ。現役時代から膝は結構大丈夫なんだけど、腰と背骨がね。背も縮んじゃったよ。

病を克服…今は店にみんなが来てくれて嬉しいよ

でもまあ、胃がんを克服して、こうやって店をやって、付け人だった杉浦、大森、浅子、丸藤、谷口、井上雅央……ノアの選手、スタッフがみんな店に会いに来てくれるし、嬉しいよ。俺が知らないレスラーもいっぱい来るもんね。

名前言われてもわからない。かあちゃんは憶えているみたいだけど、俺は「何とかプロレスの何々です！」って挨拶されても、三歩歩いたら忘れちゃう。

海外からもファンが来るんだよ。現役時代に観てなくても、インターネットとかで過去の試合を観て、俺のことを知って店に来るみたいだね。「何で、こんなに若いのに俺のこと知ってるんだ？」って、ビックリしちゃうよ。

一番遠くから来たのはドイツのデュッセルドルフのファン。それも自作の田上明Tシャツを着ていたよ(笑)。ありがたいよね。

今の1日の生活は……店は月曜が休みで、土日は11時から午後2時までランチもやっているけど、平日は午後5時～11時だから、昼間に肉を捌いて、開店してからは何もせん。店で定位置に座ってお酒を飲んでるだけ。

でも満員になると追い出されちゃう。まあ、やることはお客さんに頼まれたら写真を撮ったり、サインを書いたりぐらいかな。

プロレス好きのお客さんは俺の近くに座るの(笑)。で、詳しいんだよ。「何年何月何日の試合で……」とか言われるけど、俺は全然憶えてなくてわかんない。笑顔で応えているけど

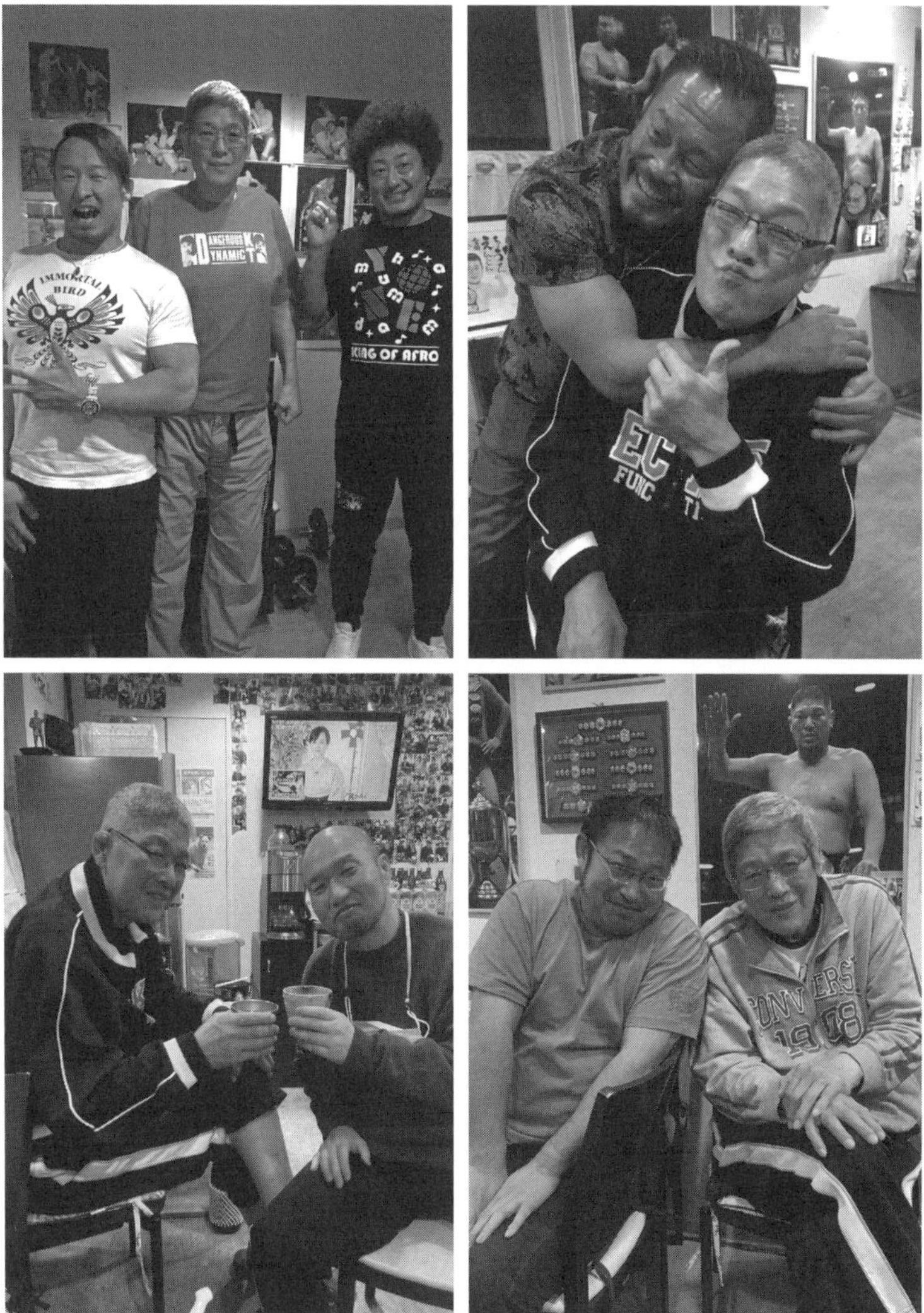

『ステーキ居酒屋 チャンプ』には多くのレスラーが訪ねてくる
（写真左上から順に、丸藤正道、モハメド ヨネ、杉浦貴、浅子覚、井上雅央）。

先輩レスラーや対戦相手とも店で再会
（写真上から、ザ・グレート・カブキ、
蝶野正洋、齋藤彰俊）。

ね（苦笑）。困っちゃうよ、あんまり細かいこと言われるとねぇ。

小橋なんかは凄く試合のことを憶えているよね。あいつはプロレスが好きで好きでたまらなくて、プロレスラーになった人間だから。でも、俺はタイトルマッチですら、よく憶えてねぇんだから、この自伝でもいろいろ思い出すのが大変だったわけだよ（笑）。

エピローグ

会社がああなって、大病もしたけど、今は幸せだよ。金がねぇだけだよ(笑)。息子も娘もいるし、今年の8月に4歳になる孫の美芙流（みはる）も「じいじ」って懐いてくれるし。懐いているっていうよりは、甘く見られているかな。俺、怒らないから。

プロレス関係の仕事？　プロレスに執着はないけど、かといって意識して距離を取ろうというのもない。自然体だよ。テレビの解説とか、イベントとかに呼ばれれば行く。別に誰かと揉めているわけでもないからね。

武藤が潮崎からGHCを獲った試合（21年2・12日本武道館）は天龍さんとテレビ解説したけど、武藤がよう動くから凄いなと思ったよ。膝が人工関節なのによくやるなって。あいつもプロレス馬鹿なんだろうね。今年引退したけど、テレビで顔が売れているし、彼ならタレントでも何でもできるんじゃないの？

プロレスの会場は、最近だと鶴田さんの23回忌追善興行（22年5・31後楽園ホール）に呼ばれた。笑ったのは引退試合を終えて戻ってきたタイガー戸口さんが川田に「シューズの紐をほどいてくれ」って言ったことだよ。

孫娘の4歳の誕生日に記念撮影。波乱に富んだ人生を経て、現在は家族に囲まれて穏やかな生活をおくっている。

一世を風靡した聖鬼軍コンビが時を経て再会（写真は2018年時のもの）。

確かに戸口さんは全日本プロレスの大先輩だけど、もっと若い選手がいるのに川田に言うんだから(笑)。

戸口さんにしてみれば、知っている全日本の後輩が川田だけだったからだろうけどね。俺は全日本にいた時期が違うから面識ないし、戸口さんだってさすがに俺がノアの社長をやっていたことぐらいは知っているだろうから、俺には言わないよな。

川田が小橋にやらせようとしたら、小橋は「いや、僕は膝が悪いんで……」って断っちゃって(笑)。川田は「俺ももう60になる男だよ。あれはないよなあ」って怒っていた(笑)。

あの時は戸口さんだけじゃなくて、同じ控室にいたグレート小鹿さん、谷津さんがずっと喋っていた。うるせぇ、うるせぇ(笑)。そこにカブキさん、川田、小橋、俺がいて。あの時、百田(光雄)さんの名前も控室にあったけど、ちょろっとしか来なかったな。

イベント関係で呼ばれるのは四天王とか三銃士絡みばっかりだよ。たまにはああいう人たちの顔を見るのもいいけどね。相変わらず三銃士の武藤、蝶野は個性が強い。彼らは自分の売り方を知ってるよ。喋りも上手いしね。

全日本の人間はそういうのにうといよ。まあ、川田があんなによく喋る奴だとは現役時代に思わなかったけどね。

組んでいる時は、まったく喋らなかったから、今になって「何だよ、こいつ、よく喋るなあ」って。川田とは現役の時より全然仲がいいよ。

今はお互いに店をやっているから、俺が川田の店に食いに行ったこともあるし、川田が俺の店に飲みに来たこともある。「お前のとこ、どうだ?」「結構。きついなあ」とかってね。川田のラーメンは……1ヵ月に1回ぐらいでいいな。あいつの店、券売機で買ったり、あしろこうしろって、しきたりが面倒臭いんだよ(笑)。

じゃあ、そろそろ本の締めとしてファンへのメッセージをと思うんだけど、そういうのは苦手なんだよな。偉そうなことは言えねぇし。

考えてみたら、俺をリアルタイムで応援してくれていたファンも中高年だよね。でも、まだちょこっとは無理できるだろうから、最後っ屁でもして、65になったら万歳して休めばいいんじゃない? 俺ももう62だから、早く3年経たねぇかなと思って。そうしたら年金が入る(笑)。

まあ、年金が入るようになっても働かされるだろうけどさ。生活があるからやめるわけにいかんもんね。ウチの親父が金持ちで、何億もの遺産が残っているっていうなら、何もしないけどよ(笑)。こんなこと言ったら、死んだ父ちゃんに叱られるかな?

健康のほうは胃がんでこっぴどい目に遭ったけど、馬鹿だから今も酒飲んでるし、煙草も吸うし、まあ、生きて70かな。余命8年!

でも、そうなると年金をもらうのは5年だけか。10年ぐらいもらいてぇなあ。そうだなあ、75まで生きられるかな。親父なんか、あんなに酒飲んでタバコ吸ってさあ、85ぐらいまで生きたから。

まあ、俺の人生はこんな感じだけど、未来がある若い人たちは、自分の人生なんだから、思ったように生きたらいいと思うよ。後悔しないようにね。

あとで「あの時、あれをやっとけば」ってなるのは嫌じゃない。俺はあるんだよ。「あの時、練習しておけば……」っていうのが(笑)。

ノアの社長を引き受けたことについては「やめとけばよかった」って思っているけど、しょうがないでしょう。若い奴らにあれだけ頼まれたんだから。あん時はそうするしかなかった。そのおかげか、今でもプロレスやってる奴が多いしな。

あんまりいいことは書けなかったけど……こんなもんです(苦笑)。

「はじめに」でも書いたけど、結構波乱万丈な人生だよね。だから好きな言葉は「愛」(笑)。「愛」とか「平和」だよ。

これからは孫がすくすく成長するのを見ながら、波風立たない生活を送って「宝くじでも当たったらいいなあ」ってかすかな夢を抱いて(笑)。

平穏もあんまり好きじゃないけど、どっちかっていったら、あんまり乱れるのは好きじゃねぇな。波乱な人生はもういいよ(笑)。

もし、もう一回人生をやり直せるとしたら？　考えたこともねぇな。まあプロレスをやるのはどうかな……きついし、いてぇし。

だけど今、かあちゃんがいて、子供たちがいて、孫までいる。もし違う人生を選んだら、それがなくなっちゃうわけでしょ。それは嫌だね。だから悔いることもあるけど、俺はこの人生でいいよ。いや……この人生がいい！

WORLD
WRESTLING FEDERATION
CHAMPION
GHC
OVER GENERATION
ARMY
1990

［著者略歴］

田上 明（たうえ・あきら）

1961年5月8日生まれ。埼玉県秩父市出身。高校時代に相撲部で活躍後、大相撲・押尾川部屋に入門。1980年1月、初土俵。1987年1月には最高位で西十両6枚目まで上がったが、師匠との確執で大相撲を廃業。プロレス転向を決意し、1988年1月、全日本プロレスに入団。1992年、ジャンボ鶴田とのコンビで世界タッグ王座を獲得し、頭角を現す。鶴田が肝炎で第一線を退いた後は、川田利明と「聖鬼軍」を結成。同コンビは世界タッグ王座史上最多となる6度の載冠を果たす。1996年にはチャンピオン・カーニバルを制覇し、さらに三冠ヘビー級王座を獲得。三沢光晴・川田利明・小橋健太らとの闘いは「四天王プロレス」と呼ばれ、その激しすぎる試合は大人気を博し、伝説となっている。2000年、三沢が創設したNOAHに移籍。2005年、GHCヘビー級王座を獲得。2009年、三沢が試合中の事故で急逝したことにより社長に就任。2013年12月、現役を引退。現在はプロレス界から離れ、茨木県つくば市で「ステーキ居酒屋 チャンプ」を経営。

本文構成・協力／小佐野景浩
カバー・本文デザイン／小林こうじ
写真／山内猛、小佐野景浩（提供）
協力／ステーキ居酒屋 チャンプ

飄々《ひょうひょう》と堂々《どうどう》と　田《た》上《うえ》明《あきら》自《じ》伝《でん》

2023年10月18日　初版第一刷発行

著　者　田上明
発行社　後藤明信
発行所　株式会社竹書房
〒102-0075　東京都千代田区三番町8-1
三番町東急ビル6F
email：info@takeshobo.co.jp
http://www.takeshobo.co.jp
印刷・製本　中央精版印刷株式会社

定価はカバーに表示してあります。
落丁・乱丁があった場合は、furyo@takeshobo.co.jpまで
メールにてお問い合わせ下さい。